# 新课程标准
# 视域下的

程雪迎 著

# 中小学
# 音乐教学

山东文艺出版社

图书在版编目（CIP）数据

新课程标准视域下的中小学音乐教学 / 程雪迎著 . —济南：山东文艺出版社，2023.11
ISBN 978-7-5329-7036-0

Ⅰ . ①新… Ⅱ . ①程… Ⅲ . ①音乐课—教学研究—中小学 Ⅳ . ① G633.951.2

中国国家版本馆 CIP 数据核字（2023）第 210337 号

# 新课程标准视域下的中小学音乐教学

XIN KECHENG BIAOZHUN SHIYU XIA DE ZHONG XIAO XUE YINYUE JIAOXUE

程雪迎　著

| | |
|---|---|
| **主管单位** | 山东出版传媒股份有限公司 |
| **出版发行** | 山东文艺出版社 |
| **社　　址** | 山东省济南市英雄山路189号 |
| **邮　　编** | 250002 |
| **网　　址** | www.sdwypress.com |

| | |
|---|---|
| **读者服务** | 0531-82098776（总编室） |
| | 0531-82098775（市场营销部） |
| **电子邮箱** | sdwy@sdpress.com.cn |

| | |
|---|---|
| **印　　刷** | 山东临沂新华印刷物流集团有限责任公司 |
| **开　　本** | 710 毫米 × 1000 毫米　1/16 |
| **印　　张** | 10.5　插页/2 |
| **字　　数** | 220 千 |
| **版　　次** | 2023 年 11 月第 1 版 |
| **印　　次** | 2023 年 11 月第 1 次印刷 |
| **书　　号** | ISBN 978-7-5329-7036-0 |
| **定　　价** | 79.00元 |

## 程雪迎

枣庄市教育科学研究院音乐教研员，毕业于山东师范大学，音乐学硕士，高级教师，九三学社社员，山东省教学能手，山东省教育科学院音乐兼职教研员，山东省"互联网＋教师专业发展"培训专家，国培计划教师培训专家，曲阜师范大学优秀传统文化教育中心特聘专家，枣庄学院音乐与舞蹈学院长聘教授。从教 30 年来，在国家级、省级刊物上发表多篇论文；主持研究多个省级课题，结题并推广；长期参与音乐学科教材及山东省新课程音乐专题课例开发工作。

近十年来，带领枣庄市中小学音乐教师走进乡村开展公益支教、强镇助基、强课提质等活动，推进枣庄市中小学生人人学会一门乐器的音乐素养教学工作。录制公益课程《声乐课堂》，被学习强国平台连续推广。

# 前　言

　　音乐课堂教学是实施艺术教育的主阵地，音乐教学质量的高低直接关系到我国现阶段教育方针的落实，"立德树人"教育目标的实现，以及学生核心素养的培养。因此，我们必须重视音乐课堂教学。音乐教师在音乐课堂教学实践中，要贯彻新课程标准，聚焦学生发展核心素养，强化课程育人导向，优化课程内容结构，加强学段衔接，设立跨学科主题学习活动；注重"教—学—评"一致性，培养学生面对真实情境解决现实问题的能力；要依据学生从小学到初中、高中在认知、情感、社会性等方面的发展规律，树立正确的教育观、课程观、教材观、教师观、学生观，合理安排教学内容，科学使用教学方式，将基于新课程标准的音乐教学方法与智慧，运用于音乐教学实践之中，力求使音乐教育发挥其最大的育人作用。

　　笔者以新课程标准为依据，将现代音乐教学方法与思路相结合，基于音乐课堂教学实际，将研究新课程标准、研究新教材、研究学生学情的成果，运用于音乐课堂教学实践中。本书的撰写以新课程标准为背景，以丰富的音乐教学实践为内容，以音乐教学艺术和方法为重点，将理论探索和教学实践相结合，内容体现了较强的实践性、针对性和可操作性。全书共分七章，从理论上分析了核心素养导向下的音乐教学改革，音乐课程标准的发展历程及变革；从实践中总结了音乐教学的探索创新和经验；详细介绍了基于新课程标准的学期课程纲要的编写、单元学历案撰写与教学评价、新课程背景下的备课与教案撰写，力求做到理论与实践兼具，宏观和微观并举，突出重点，由浅入深。全书涵盖了音乐教学的多个方面，对课堂教学的重点、关键环节以及实践措施等进行了阐述，强调了音乐教学备课是实施音乐课堂教学的重要基础。本书立足实际，对音乐课程标准、音乐课程新教材及音乐课程实施的有关理论和实践问题进行了探究和论述，并首次提出"音乐课堂教学的'亮点'在教师教学设计的智慧中"这一观点，引导读者从互动关系中寻找音乐课堂教学中常见问题的应对策略。

本书收录了笔者多年来在教学一线所做的一些教学科研课题及论文，作为阶段性的研究成果，笔者希望本书的出版能让读者感受和理解我国深厚的文化底蕴，坚定文化自信，为深耕于教学一线的老师及音乐师范生的音乐教学实践提供有益的参考。

由于时间仓促和笔者学识水平所限，书中难免有不足之处，敬请专家和读者批评指正。

程雪迎

2023 年 8 月 26 日

# 目 录

# 第一章
# 核心素养导向下的音乐教学改革

我国普通中小学音乐教育是以培养人的一般音乐素养，传承音乐文化为目标的普通学校音乐教育。近年来，国家大力推进核心素养导向下的中小学音乐教学改革，以培养"全面发展的人"为核心，培养学生的音乐基础知识与基本技能，使学生养成终身发展必备的品格与关键能力。核心素养关注和强调的是课程的育人价值，关注人的综合素质、核心能力的发展。核心素养导向下的中小学音乐教育旨在培养学生拥有善良的心灵与健全的人格，促进学生的核心素养的发展是音乐教育所应追求的目标。

## 第一节　核心素养导向下的教学方式变革

1999 年，教育部正式启动了跨世纪课程标准的修订工作，根据第三届全教会提出的"培养学生的创新精神与实践能力"为课改宗旨，修订了《全日制义务教育音乐课程标准（实验稿）》，将教学大纲改为课程标准。教学大纲更多是从教学的角度出发，规范了学生"学什么"，体现了"内容为纲"的取向，指向"双基"的教学目标。课程标准主要从学生发展的角度出发，规范了学生"学会什么"，指向学生的学习结果和学习水平，是"质量驱动"的取向，反映了人才培养的质量标准。

## 一、课程价值取向的变迁

课程价值取向从学科本位再到育人本位的转变，经历了三个主要阶段，即从"一维双基"到"三维目标"再到"四维核心素养"的变迁。

### （一）"双基"概念的提出及其影响

1952 年以来，我国职业教育沿用着苏联的教育学概念，"双基"是指音乐基础知识和基本技能。"双基"教学中，强调音乐学习的知识性、技艺性以及教学的传承性和接受性，忽视了学生兴趣的激发、能力的提升以及全面素养的培养。

### （二）"三维目标"的课程理念及其影响

21 世纪初，在新一轮跨世纪基础教育课程改革中，"三维目标"成为 2001 年《全日制义务教育音乐课程标准（实验稿）》的关键词。"三维目标"即情感态度和价值观、过程与方法、知识与技能，是三维知识、价值性知识、方法性知识和事实性知识完整的体现，对应学生学会、会学、乐学三个阶段，强调了知识学习的情境性、建构性，反映着学科的完整性和本质性。

### （三）"核心素养"导向的课程改革及其影响

核心素养是当下国际课程改革的主旋律和最强音。2014 年，教育部提出新时代教师六大核心素养，成为课程标准修订、深化课程改革的指南针与风向标。2016 年教育部发布了《中国学生发展核心素养》，包含三大方面、六大素养和 18 个基本要点，见下图：

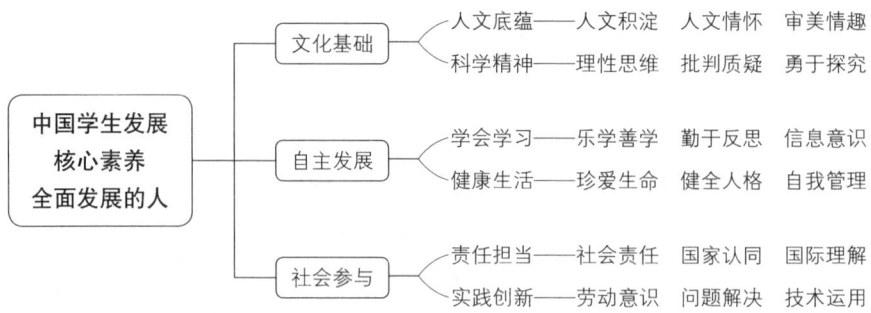

核心素养概念的提出，充分体现了现阶段个人与社会发展的新特点、新需求，即在学科研究、知识技能研究的基础上，整体向关注人、培育人转变，强调的是人的综合素质、核心能力的发展，而不仅仅是一般性的知识技能的获取。以培育学生核心素养为导向的教学，是以能力发展为基础来构建的教育形式，使素质教育内容产生了新的价值与意义。

## 二、核心素养与音乐核心素养

### （一）核心素养

《中国学生发展核心素养》指出：学生发展核心素养主要指学生应具备的，能够适应终身发展和社会发展需要的必备品格和关键能力；以培养"全面发展的人"为核心，分为文化基础、自主发展、社会参与三个方面，综合表现为人文底蕴、科学精神、学会学习、健康生活、责任担当、实践创新六大素养，具体细化为国家认同等 18 个基本要点。核心素养的内涵，从学科的角度来看，其关注点并不单指某一学科的知识，而主要指个体在现在及未来社会中应该具备的关键能力、知识技能及态度与情感等；从课程的角度来看，核心素养关注的是促进人的全面发展，是国家教育目标的具体化，是课程和教学目标制订的依据。核心素养的提出，为教育教学改革提供了重点更突出、焦点更集中的目标，为转变教学方式以及学校的管理方式指明了方向。

### （二）音乐学科核心素养

音乐课程作为人文学科领域的重要课程，培养学生的音乐基础知识与基本技能，使学生养成终身发展必备的品格与关键能力，有其他课程无法替代的作用。提高公民音乐素养是促进全民整体素质发展的重要因素，正确理解与认识音乐学科核心素养，对于建立与发展自身音乐能力与审美品质，揭示音乐学科的育人功能和育人价值，具有重要意义。只有正确理解与认识音乐学科核心素养，才能准确把握基于核心素养的音乐课程改革，为新课标的实施及音乐教学提供充分的准备。

音乐学科核心素养立足于学生在音乐方面的发展，强调音乐学习在其他各个不同情境和领域中的重要作用。音乐学科核心素养强调的是音乐学科的价值内涵与学生专业成长的综合性和整体性的有机结合，是音乐学科在学生成长过程中的意义和价值所在。其中音乐审美与体验是核心，还包含音乐表演与音乐文化等。

音乐学科核心素养可以理解为学生在音乐学习中应达成的有特定意义的综合能力，不是指具体的音乐知识与演唱、演奏技能，也不是一般意义上的音乐能力，而是基于音乐知识技能形成之上，所养成的价值观念。音乐核心素养反映的是音乐本质和音乐审美价值，形成于音乐学习过程中，具有综合性、发展性和实践性特征。

音乐学科核心素养与音乐课程的目标及内容息息相关，对于认识音乐学科本质、音乐教学设计、音乐活动实践以及正确进行音乐评价有着重要的意义。

《普通高中音乐课程标准》（2017 年版）凝练出体现音乐学科育人价值的三大音乐学科核心素养，即审美感知、艺术表现、文化理解，以此作为高中课程改革的重要理念和课程目标，有效指导了课堂教学、学业质量测评和教学实施，并为基础音乐教育课程改革奠定了坚实的基础。

**（三）艺术课程核心素养**

2020 年 10 月，中共中央办公厅、国务院办公厅印发了《关于全面加强和改进新时代学校美育工作的意见》，提出了艺术四大核心素养——审美感知、艺术表现、文化理解、创意实践，是对"普通高中音乐课标音乐学科核心素养"的继承与发展，是深化艺术课程改革中重视艺术创新表现与创意表达的重大成果体现，对高中课程同样有效。课程价值取向的观念也从"知识本位""学科本位"转移至"育人本位"。

# 第二节　音乐课程标准的变化发展历程

中华人民共和国成立之初，国家各项建设尚处在起步阶段，在社会经济条件和教育资源十分有限的前提下，国家广泛发动地方政府和人民群众举办义务教育，此时音乐教育在义务教育中的地位相对较低。1980年至2000年这一时期是中国义务教育和高中音乐教育发展的关键阶段。政府先后出台了一系列文件和政策，明确了音乐教育在义务教育中的地位和作用，并推动了音乐课程标准的制定和实施。2001年至今，教育改革不断深化，音乐教育也在不断完善和发展。音乐课程标准逐渐趋于科学、系统和规范，着重培养学生的音乐素养和艺术创造能力。

## 一、20世纪50年代以来音乐课程标准与教学大纲汇总

1950年《小学音乐课程暂行标准（草案）》。

1956年《小学唱歌教学大纲（草案）》《初级中学音乐教学大纲（草案）》。

1979年《全日制十年制学校中小学音乐教学大纲（试行草案）》。

1982年《全日制五年制小学音乐教学大纲（试行草案）》《全日制初级中学音乐教学大纲（试行草案）》。

1988年《九年制义务教育全日制小学音乐教学大纲（初审稿）》《九年制义务教育全日制初级中学音乐教学大纲（初审稿）》。

1992年《九年制义务教育全日制小学音乐教学大纲（试用）》《九年制义务教育全日制初级中学音乐教学大纲（试用）》。

1997年《全日制普通高级中学艺术欣赏课教学大纲（初审稿）》。

2000年《九年义务教育全日制小学音乐教学大纲（试用修订稿）》《九年义务教育全日制初级中学音乐教学大纲（试用修订稿）》。

2001年《全日制义务教育音乐课程标准（实验稿）》。

2003年《普通高中音乐课程标准（实验稿）》。

2011 年《义务教育音乐课程标准》。

2017 年《普通高中音乐课程标准》。

2020 年《普通高中音乐课程标准（修订）》。

2022 年《义务教育艺术课程标准》。

## 二、近期学校音乐教育的发展

教育部制定的《义务教育音乐课程标准》（2011 年版）中，注重音乐教育在培养人的音乐潜能尤其是创造能力方面的作用，并将情感态度和价值观放在课程目标的首位，标志着我国基础音乐教育的改革与发展进入了一个新的历史阶段，具有里程碑意义。

2011 年版的课程标准，强调培养社会主义核心价值观，继续坚持以审美为核心，更加明确了"双基"认识，在总目标中提出了感受、理解、表现、创造四个能力；强调音乐学科本体，而不追求"音乐之外的东西"，强调学习内容的丰富性、多样性，增大课堂教学内容的信息量，而不是反复教唱一首歌，进行单一训练；强调实践性，要在学习方法上体现音乐学科的特点和认知规律；将"综合与拓展"改为"关注综合"，关注音乐本体，"守土有责"；合理使用"多媒体"，强调了多媒体使用应恰到好处，切实有效。

百年大计，教育为本。党的十八大以来，习近平总书记对教育事业特别是培养社会主义建设者和接班人工作高度重视，强调"培养什么人、怎样培养人、为谁培养人"是教育的根本问题，就教育改革发展提出一系列新理念、新思想、新观点，突出强调要坚持党对教育事业的全面领导，坚持把立德树人作为根本任务，坚持优先发展教育事业，坚持社会主义办学方向，坚持扎根中国大地办教育，坚持以人民为中心发展教育，坚持深化教育改革创新，坚持把服务中华民族伟大复兴作为教育的重要使命，坚持把教师队伍建设作为基础工作，为新时代教育发展提供了根本遵循。

习近平总书记在党的二十大报告中指出，"高质量发展是全面建设社会主义现代化国家的首要任务"，"教育、科技、人才是全面建设社会主义现代化国家的基础性、战略性支撑",强调必须坚持科技是第一生产力、人才是第一资源、创新是第一动力,深入实施科教兴国战略、人才强国战略、创新驱动发展战略,开辟发展新领域新赛道,不断塑造发展新动能新优势。

## 第三节　核心素养导向下的音乐学科的教与学

"核心素养"是指学生应该具备的能够适应终身发展和社会发展需要的必备品格和关键能力。是所有学生应具有的最关键、最必要的共同素养,是知识、能力和态度等的综合表现。作为一名音乐教师,在培养学生的音乐核心素养方面,要做好以下几个方面的准备:

### 一、转变教育观念

核心素养导向下的中小学音乐教学改革,倡导深度学习,注重以人为本,以学生的发展为本,将大概念、大主题、大单元和跨学科项目式学习活动融入日常的课堂教学,改变音乐课堂"教"与"学"的方式,变"学有所教"到"学有优教";通过教学设计,培养学生的高阶思维,并能面对复杂情境解决现实问题的综合能力;积极营造鲜活流动、焕发生命活力的课堂气氛和具有创造性的教学空间,提高教学质量,焕发课堂教学的生命活力;养成乐观向上、乐美向善、务本求真的人生态度,在"天天生活皆美育"中学会用美的眼光看世界,提高教师职业幸福感,高水平建设"美好教育"愿景。将音乐作为培养审美品质和进行文化教育的一种手段,通过音乐教育提高学生的审美素养,陶冶情操,传承文化,使学生的身心得到全面的发展。

### 二、调整音乐教育的内容和方法

音乐是一种善于表现和激发人们的思想感情、反映社会现实的艺术。而音乐教育则是实施素质教育,全面提高学生综合素养的重要途径。当今社会，科技和信息技术高度发展，对人才素质提出了更高的要求，同时也向音乐教育发出新的挑战。中小学音乐教育是整个音乐教育中最基本的环节，对学生人格的塑造、思维、创造力的开发都有着不可或缺的作用，是其他学科所不能替代的。因此，我们必须调整音乐教育的内容和方法，在坚持音乐审美教育的基本原则教学的基础上，充分揭示节奏、旋律、音色、和声、力度、速度等音乐要素在音乐中的表现作用，让学生亲身感受音乐学习中那激动人心、极具表现力的部分，而不是进行枯燥的、单纯的技巧训练和被强行灌输知识。

核心素养导向下的中小学音乐教学改革从课程信息化、"双专"教学、"双语"教学以及信息技术、教学创新、跨学科等几个方面详细解读了新时代、新形势下的音乐教学的方向。广大中小学音乐教师应不断提高自身课程的信息化水平，在教学中使用丰富的表现方式来提高学生的审美素养；紧跟时代变化，让孩子们感受到音乐课堂中随时加入的新元素、新素材，体会音乐学习的快乐，提高自身的综合素养。

日常教学中，教师要认真备好每堂课，课程中应有重点、难点，层次清楚、过渡自然，注重课程设计，力求让学生充分感受和体验音乐与人、音乐与社会、音乐与生活的关系。培养学生主动思考、自主学习、合作探究的学习精神，养成良好的音乐学习习惯。

广大音乐教师应及时适应从"以教师为主，学生为辅"到"以学生为主，教师为辅"教育理念的转变。教师应主动改变过去传统的教育方式和陈旧的、落后的教育手段；探究新的教育教学方式和先进的教学手段，利用和发挥多媒体教学模式的优势，使学生更好地感受美、欣赏美以及创造美，让音乐的种子在学生的心里生根发芽，让音乐学习成为自由快乐的学习。

### 三、创新音乐教学

广大中小学音乐教师，应用新思想、新理念来调整自己的教学行为，在潜移默化中培育学生良好的品质和健全的人格，让学生的身体和思维真正地"动"起来；在教学过程中注重学生的个性发展，注重培养他们欣赏和创造美的能力；通过音乐教育陶冶情操，启迪智慧，激发学生对美的爱好与追求。注重以学生为主体，让学生在愉快的音乐实践活动（听、看、唱，讨论、联想、想象及律动）中，主动地去发现、去探究、去感受音乐，理解音乐，表现音乐，并在一定基础上创造音乐。

随着科技的迅速发展，音乐教育、传播方式也在因时而变，对广大音乐教师的教学方式提出了更高的要求。音乐教师应积极利用科技手段，获取音乐信息资源，丰富教学方法。

国家大力发展素质教育方针，为新时代义务教育提供了行动指南，广大音乐教师有必要时刻保持超前的教育规范理念，要沿用已学专业知识和音乐表演技能，运用多媒体设备等，在课堂之上营造和谐有趣的人文感知氛围；在完成课程内容前提下，应关注个体道德素养，必要情况下多开展一些音乐教育实习类活动，帮助学生陶冶情操，树立正确的审美观。

# 第二章
# 新课程标准视域下的音乐课程纲要的编写

音乐课程纲要（下文简称"纲要"）是音乐教师依据音乐学科课程标准、教材、校情、学情编制的，体现音乐学科各种课程元素的计划大纲，是一种在规定时间内实施的课程计划。编制纲要，既可以对一个学期所要实施的音乐教学活动进行整体设计和规划，也可帮助教师从学生学习的角度对一学期内的学习内容进行研究和分析。简言之，就是对一学期内整册音乐教材所进行的系统的前期规划与安排，并以纲要的形式呈现音乐课程的各元素。

## 第一节　音乐课程纲要的编写

编写中小学音乐课程纲要是一个非常重要的任务，它涉及学生在音乐方面的基础知识、技能和艺术修养的培养。对于中小学教师而言，首先要充分认识纲要的编写意义，深刻理解纲要的编写目的，切实把握纲要的基本项目、基本结构和编写要求，应注意以下几个方面：

第一，明确教学目标。音乐教育的目标应包括培养学生欣赏、表演和创作音乐的能力，提高学生音乐文化素养，培养学生良好的审美情操等。

第二，把握课程内容。梳理各个年级的音乐学习内容，包括音乐知识、音乐技能和音乐表演等方面。可以根据学生的年龄和发展阶段，合理安排各个知识点的学习进度。

第三，研究教学方法。制订适合学生的教学方法，如集体教学、个别指导、小组合作等。注重培养学生多样化的音乐表达能力，如唱歌、演奏乐器、舞蹈和创作等。

第四，设计评估方式。设计合适的评估方式，以了解学生对音乐课程的掌握程度和学习效果，包括平时表现、考试成绩、作品展示测评等多种评估形式。

第五，准备教学资源。提供相应的教学资源，如教材、教具、乐器和录音资料等，以支持音乐课程的教学实施。

除了上述要素之外，还要考虑音乐教育与其他学科的融合，如历史、文学、美术等，使音乐教育更具综合性和开放性。需要注意的是，编写中小学音乐课程纲要应综合考虑学生的年龄特点、学校的资源条件和社会实际情况。同时，根据教育部门的指导方针和相关政策，合理设计课程，为学生提供全面且富有启发性的音乐教育。

## 一、认识音乐课程纲要的编写意义

编制和使用纲要，有利于教师整体把握课程实施的目标与内容，有利于教师审视、满足课程实施的所需条件。实践中，教师往往非常清楚每个章节的知识点，却容易忽略各章节之间的逻辑关系及课程目标，从而失去对任教学科的整体把握。编写纲要有利于教师的思考如何从"一节课"走向"一门课程"，即系统地思考审视目标、内容、实施与评价之间的一致性，形成课程意识。

编制和使用纲要，帮助学生描述了学习目的，画出了学习路线图，并且提供了学习的基本要求，有利于学生明确本学期的课程教学安排，从而了解自己的学习任务，把握学习内容的逻辑框架，进而学会规划自己的学习。

## 二、理解音乐课程纲要的编写目的

编制纲要，教师须认真学习和研究教材和课程标准，准确把握课程的地位和价值，明确本学期的课程安排与整个课程安排之间的逻辑关系，处理好课程目标、课程内容、课程实施、课程评价等四个元素。要进行学情分析，详细了解学生的已有知识和学习经验，以学生的学习为中心编制课程纲要，让学生感到自己就是学习责任的承担者。

音乐教师要在新学期开学前通过独立钻研、集体研讨等途经修改完善自己本学期的课程纲要。每一课时的教学要依据课程纲要来设计，使学科教学、学生学习、教学评价围绕课程纲要形成一个有机整体。学科教师应在新学期第一节课，与学生交流分享本学期学科课程纲要，让学生清楚地知道本学期的课程教学计划以及评价形式等，以激发学生的学习积极性。学期结束时，教师可以根据课程实施情况，特别是学生所反映的意见，对课程纲要进行修改。

## 三、把握音乐课程纲要的基本项目、基本结构和编写要求

### （一）音乐课程纲要的基本项目

一般项目包括：学校名称、课程类型（国家课程、地方课程和校本课程）、教材来源、设计教师、适用年级、学期课时数等。

基本要素包括：课程背景、课程目标、课程内容、课程实施、课程评价等。

### （二）音乐课程纲要的基本结构和编写要求

#### 1.课程背景

课程背景的撰写应从教材分析和学情分析两个方面入手，侧重于课程标准的相关内容标准、本册教材中编排的内容、本册内容与前后册内容的联系等几大方面。

（1）教材分析。

音乐课程是九年义务教育音乐学科的必修课程，教学内容涵盖了音乐

课程的感受与欣赏、表现、创造、音乐与相关文化四个领域。在做学期教材分析时应重点分析学期课程在整个学段的知识地位和所起到的作用。

（2）学情分析。

小学阶段的 6 学年，1 ~ 2 年级为一个学段，3 ~ 6 年级为一个学段。在撰写课程背景学情分析时，应当注意分析本年级学生已有的认知水平和知识经验，学生在演唱、乐理知识、识谱等方面的基础和在本学段的生理、心理特性。通过学情分析，判断相关学生的知识或经验基础。

**2. 课程目标**

音乐学科的课程总目标包括：学生通过音乐课程学习和参与丰富多样的艺术实践活动，探究、发现、领略音乐的艺术魅力，培养学生对音乐的持久兴趣，涵养美感，和谐身心，陶冶情操，健全人格。学习并掌握必要的音乐基础知识和基本技能，拓展文化视野，发展音乐听觉与欣赏能力、表现能力和创造能力，形成基本的音乐素养。丰富情感体验，培养良好的审美情趣和积极乐观的生活态度，促进身心的健康发展。

课程目标的制订依据基于对学情的研究、对课程标准的解读以及对教材其他资源的分析和把握。目标的撰写应紧靠知识与技能、过程与方法、情感态度与价值观"三维目标"，做到全面、适当、清晰。目标应包含评测环节，结合学情至少三分之二的学生所能达到的结果。课程目标一般有 3 ~ 5 条，每条至多 4 句。

**3. 课程内容**

课程纲要虽然依据教材进行编写，但在此过程中，应注重对教材的灵活应用。教师可根据需要，本着与目标一致的原则对教材内容进行删、减、合、换。具体包括单元专题、学习重点、教学内容和课时安排。课程内容安排撰写要求重点明确、按从易到难排序；教师应根据所选内容组织安排相关活动，并处理好内容与活动之间的关系。

**4. 课程实施**

课程实施是指如何更好地实施课程内容，以便于学生实现预定的学习目标，主要包括学习主题、课时安排、教与学的方法等。课程实施，不但是一个教师自主梳理所开展活动的提纲，更要让学生对本学期要参与的活动一目了然。设计课程实施应注意规划好课程资源，设计好学习活动，选择好与目标相匹配的教与学的方法。教学环节清晰，有利于学生的学习；预设的评价任务必须镶嵌在教学过程中，进行合理安排；学习活动设计与安排应聚焦目标达成，学习方式宜灵活多样，凸显课堂中的"在学习、真学习"；方法选择应体现学科性。一个教学环节结束后必须标明此环节达成了哪个目标，并标注对此环节的学习评价标准。

**5. 课程评价**

（1）课程评价是一种重要的工具，可以帮助教师客观、合理地评价课程效果。音乐课程评价内容可从以下六个方面入手：

① 看：注意力集中、看老师、看黑板、看书、看同学表演等。

② 演：演唱、演奏、唱游、说唱、舞蹈等。

③ 听：倾听、听辨、听同学发言等。

④ 赏：能准确说出听赏、插图等作品名称及相关的知识，表达自己的听课感受。

⑤ 纪律：包括课堂纪律、活动时的纪律等。

⑥ 表：积极参与，大胆表现，敢于创新，结合相关知识、作品，表达自己的感受，能自由表演。

（2）教师可根据学科核心素养的四个方面的内容，提出与之相适应的评价方式：

① 学生学习音乐的意愿、状态、方法和效率评价主要采用日常学习表现评价模式进行。（形成性评价）

② 学生体验、感知音乐的能力和审美情趣评价主要采用模块学业质量评价模式进行。（终结性评价）

③ 学生对音乐实践活动的参与度、表现水平及合作协调能力评价，综合采用日常学习表现评价和模块学业质量评价两种模式进行。（形成性评价与终结性评价相结合）

④ 学生利用音乐材料进行创意表达及对音乐文化的理解评鉴水平评价主要采用模块学业质量评价模式进行。（终结性评价）

（3）评价可以采用自评、生生（师生）互评及他评（老师、家长等）

相结合进行。

### 6. 所需条件及措施建议

（1）教师须每周对课程进行及时评价，逐渐实现课堂达标常态化。

（2）不断深入学习新课标。

（3）加强教学视导。

（4）召开教学研讨会，上好研究课示范课。

（5）进行教学质量监测。

（6）开发当地资源，给学生提供音乐表现的机会。

（7）注重多元评价。

## 四、音乐课程纲要编写应注意的事项

在编写纲要时，教师必须厘清本学期的课程在本课程中的地位与价值，明确本学期的课程内容与课程整体的逻辑关系，明确知识点与课程目标之间的逻辑关系，以上有利于教师整体把握课程安排。反之，在把握学科知识整体轮廓的基础上，教师应清晰单个知识点的作用与意义。

编写纲要必须充分包纳各种实施条件，如学生的知识基础、教学仪器与其他资源、符合认知规律的教学方式设计，以及作为促进学生学习的评价等。

纲要不仅是教师的教学设计方案，同样也是指导学生学习的蓝本。对于学生来说，课程纲要描述了学习的目的，提供了学习的基本要求，因此，编写纲要须有利于学生明确本学期的课程教学安排，从而明确自己的学习任务，把握学习内容的逻辑框架，进而学会规划自己的学习。

纲要不同于以前的学科教学计划，它更多的是从课程的角度来思考我们的课程，即要充分体现课程的四大元素（目标、内容、实施与评价）。更多的是要我们从课程标准、社会需求、学科专家建议、学生研究四个方面进行综合考量。

## 第二节　小学音乐课程纲要的编写样例

### 小学音乐三年级（下）音乐课程纲要编写样例

课程类型：国家课程
教材：《音乐》人音版
适用年级：三年级
课时：34 课时

### 一、课程背景

《义务教育音乐课程标准》（2011 年版）指出，音乐课程内容的四大领域为感受与欣赏、表现、创造、音乐与相关文化。教材内容包括聆听、演唱、知识与技能、编创与活动四大板块。《义务教育艺术课程标准》（2022 年版）规定，艺术课程要培养学生的核心素养，主要包括审美感知、艺术表现、创意实践、文化理解等，并确定了核心素养的概念、表现特征和具体内涵。

### （一）课程标准的相关陈述

| 领域 | 课程标准的相关陈述（3～6年级） | 音乐核心素养 |
|---|---|---|
| 感受与欣赏 | 1. 能发现自然界和生活中的各种音响，能够用人声或乐器模仿喜欢的音响。能哼唱熟悉的歌曲或乐曲。<br>2. 听辨不同情绪的音乐，能够做简要描述。<br>3. 能够初步辨别节拍的不同，体验二拍子、三拍子、四拍子的律动感。<br>4. 能够听辨旋律的高低、快慢、强弱。<br>5. 能体验并简要描述音乐情绪的变化。<br>6. 聆听少儿歌曲和颂歌，能随着歌曲轻声哼唱或默唱。<br>7. 聆听中国民间音乐，了解各民族地区有代表性的器乐曲，体会不同风格。 | 审美感知 |

（续表）

| 领域 | 课程标准的相关陈述（3 ~ 6 年级） | 音乐核心素养 |
|---|---|---|
| 表现 | 1. 乐于参与各种演唱活动。<br>2. 能够用自然的声音、准确的节奏和音调，有表情地独唱或参与齐唱、轮唱、合唱，并能对指挥动作做出恰当的反应。<br>3. 能够对自己和他人的演唱、演奏做简单评价。<br>4. 每学年应背唱歌曲 4 ~ 6 首。<br>5. 乐于参与各种演奏活动。<br>6. 培养良好的演奏习惯。能够对自己和他人的演奏做简单评价。<br>7. 能够主动地参与综合性艺术表演活动。<br>8. 能够对自己和他人的表演做简单评价。<br>9. 结合所学歌曲认识音名、音符、休止符及常用的音乐记号。<br>10. 能够跟随琴声视唱简单乐谱，具有基本的识谱能力。 | 艺术表现 |
| 创造 | 1. 能够运用人声、乐器声及其他声音材料表现自然界或生活中的音响。<br>2. 能够在教师指导下自制简易乐器。<br>3. 能够即兴编创同歌曲情绪一致的律动或舞蹈，并参与表演。<br>4. 能够在教师的指导下，尝试运用图谱或乐谱记录声音和音乐。 | 创意实践 |
| 音乐与相关文化 | 1. 关注日常生活中的音乐。<br>2. 观赏戏剧和舞蹈，初步认识音乐在其中的作用。<br>3. 选用合适的背景音乐，为儿歌、童话故事或诗朗诵配乐。 | 文化理解 |

### （二）本册教材编排的内容

本册教材的八个主题单元，共有欣赏曲目 20 首，含中国歌（乐）曲 14 首，器乐曲 10 首（涉及钢琴、二胡、笛子、口琴、吉他、手风琴等乐器，有管弦乐和民乐），其中 10 首声乐作品涉及合唱、独唱、二重唱等演唱形式；学唱的歌曲共有 16 首，含外国作品 4 首（在上学期二部轮唱与合唱的基础上，增加了领唱与合唱配合的歌曲及合唱歌曲 3 首）。音乐要素主要涉及演唱记号、反复记号、顿音，全音符即八分休止符、十六分音符；系统复习单纯音符与休止符；认识口琴等乐器的音色及特点，感受节奏、速度、旋律和情绪的关系，复习人声分类形式等。

## （三）本册内容与前后册内容的联系

| 领域 | 前册内容 | 本册内容 | 后册内容 |
|---|---|---|---|
| 感受与欣赏 | 三上第一课：聆听学习钢琴独奏曲《捉迷藏》，认识钢琴及其音名。 | 三下第一课：聆听钢琴曲《木偶的步态舞》，进一步了解钢琴的音色，体会速度的变化。 | 四上第三课、第五课：聆听钢琴曲《乒乓变奏曲》《节日舞》，能够判断乐曲表达的情绪及主题的变化。 |
| | 三上第二课：聆听二胡独奏《赛马》、笛子独奏《牧民新歌》。 | 三下第三课：聆听二胡独奏《空山鸟语》、笛子独奏《荫中鸟》。 | 四下第三课：聆听笛子与乐队《水乡船歌》，听辨主奏乐器。 |
| | 三上第七课：聆听管弦乐《维也纳的音乐钟》，感受乐曲的特点，身体随音乐律动。 | 三下第一课：聆听管弦乐《红旗颂》，感受乐曲的特点，随音乐哼唱旋律。 | 四上第三课、第六课：聆听三首管弦乐作品《打字机》《陀螺》《水上音乐》，初步认识管弦乐中经常出现的乐器。 |
| | 二上（知识与技能）：人声的分类（童声、女声、男声）。<br>三上第五课：聆听女高音独唱《母亲教我的歌》、男高音独唱《妈妈》。 | 三下第八课：聆听三首作品《帕米尔，我的家乡多么美》《在那桃花盛开的地方》《梭罗河》，判断人声的分类（女高、男高、女中）。 | 四下第五课、第八课：聆听男高音《我爱五指山，我爱万泉河》、女高音《乘着歌声的翅膀》。 |
| 表现 | 二下第一课：学习歌曲《郊游》，培养学生热爱大自然、热爱生活，感受春天的美好。 | 三下第三课：学习歌曲《春天举行音乐会》，让学生感受大自然的美，感受音乐的美。 | 四下第五课：学习歌曲《小溪流水响叮咚》，让学生感受风景如画的意境。 |
| | 三上第三课：学习歌曲《四季同趣》，按力度记号唱一唱，体验歌曲的情绪，演唱出歌曲的力度强弱。 | 三下第三课：学习歌曲《柳树姑娘》，进一步体会力度记号的作用，用不同的力度演唱歌曲。 | 四上第四课：用有力度对比的声音演唱《哦，十分钟》。 |
| | 二下第二课：模唱京剧唱段《都有一颗红亮的心》。 | 三下第二课：模唱京剧唱段《穷人的孩子早当家》。 | 四上第八课：学习现代京剧《龙里格龙》，学习京胡知识。 |

（续表）

| 领域 | 前册内容 | 本册内容 | 后册内容 |
|------|---------|---------|---------|
| 表现 | 二下：认识八分休止符。<br>三上：认识四分音符、八分音符、二分音符和四分休止符。 | 三下第七课：学习音符与休止符知识。 | 四上第一课、第三课、第七课：学习附点四分音符、附点二分音符、附点八分音符。 |
| 创造 | 三上第一课：学习歌曲《摇啊摇》，能随音乐做划船的动作，边听边律动。 | 三下第一课：为《只怕不抵抗》设计动作，边唱边表演。 | 四上第六课：为歌曲《让我们荡起双桨》设计演唱形式和动作，与伙伴合作，边唱边表演。 |
| 创造 | 三上第三课：聆听《同伴进行曲》，随音乐进行表演。 | 三下第二课：模仿木偶的步态动作，随音乐做律动表演。 | 四上第五课：聆听《节日舞》，通过律动体验歌曲的舞蹈性。 |
| 创造 | 二下：有六课内容涉及选择打击乐器和节奏型为歌曲伴奏。 | 三下第三课：学习《春天举行音乐会》，能够用打击乐器模仿春天里的各种音响。 | 四下：有五课内容涉及用合适的打击乐器为歌曲伴奏。 |
| 创造 | 三上：识读并唱一唱"1，2，3，5，6"组成的旋律。为旋律选择合适的音，完整地唱一唱。 | 三下：用"1,2,3,4,5,6"为节奏短句编配旋律。 | 用低音"5,6,7"和"1,2,3，4，5"按指定的节奏编创上行旋律，唱一唱。 |
| 音乐与相关文化 | 感受音乐，乐于与他人共同参与音乐活动。 | 关注音乐，并经常听赏音乐作品。 | 养成关注音乐的习惯，能够用实例说明音乐在社会生活中的作用。 |
| 音乐与相关文化 | 欣赏音乐时能够做出相应的体态反应，表达自己的感受。 | 能够用简单的形体动作配合音乐节奏，表现音乐情绪。 | 能够用动作表现不同节奏、情绪的音乐。 |

## （四）学习能力

本届学生经过两年半的音乐课学习，在感受、欣赏、演唱、表现、创编方面有了一定的基础，总结如下——

感受与欣赏能力：能完整聆听歌曲并感受音乐情绪、速度等，有较好的欣赏音乐的习惯。但是有半数的学生聆听时注意力分散，因此可采取"发现法"引导学生学习。

演唱与表现能力：三年级学生能够通过整首学习法学习歌曲演唱，通过学生的讨论和教师的范唱，学生能较好地唱歌并表演。但是，独立演唱及恰当表演的能力还需加强，大约 40% 的学生一旦脱离音乐伴奏，就会出现音不准的现象。三年级上册有两首二声部合唱歌曲，本学期也有两首合唱歌曲，其中一首为轮唱，需要加强基础性的和声训练，采取有效的教学策略进行突破。

合作创编能力：该年级学生比较活泼好动，合作意识和创造能力较强，能够做到认真讨论、创编歌词和舞蹈动作。

## 二、课程目标

学生通过学习音乐课程和参与丰富多样的艺术实践活动，探究、发现、领略音乐的艺术魅力，培养了自身对音乐的持久兴趣，涵养美感，和谐身心，陶冶情操，健全人格；学习并掌握必要的音乐基础知识和基本技能，拓展文化视野，提高音乐听觉与欣赏能力、表现能力和创造能力，形成基本的音乐素养；丰富情感体验，培养良好的审美情趣和积极乐观的生活态度，促进身心的健康发展。

随着前面五个学期的学习，学生的认知领域进一步扩展，生活经验、体验感受与探索创造的活动能力逐步增强。本学期要引导学生感受音乐，通过丰富教学曲目的体裁、形式，增加合唱、乐器演奏及音乐创造活动的分量，以生动活泼的教学形式和艺术魅力激发学生的学习兴趣，培养他们的艺术审美能力。方式方法有如下几点：

第一，使用"发现法"，通过聆听欣赏、查找相关资料、画想象图、说发现、演发现、教师提示等实践活动，进一步认识节奏、速度、旋律进行等音乐要素与音乐情绪的关系；认识口琴、笛子、手风琴、吉他、唢呐等乐器；能说出人声分类及其特点；丰富音乐想象力，进一步养成良好的音乐欣赏习惯。

第二，通过歌曲演唱、律动（舞蹈）、伴奏等实践活动，学习轮唱和二声部合唱；感受、体验歌曲所表达的美感和思想情感，并能用合适的力度、速度、情绪、动作表现歌曲，逐步提升歌唱技能；能背唱《柳树姑娘》《甜甜的秘密》《祖国祖国我们爱你》三首歌曲。

第三，通过多样的音乐实践活动，进行命题创作，编创歌词或选择打击乐器为歌曲编配伴奏，培养初步的创造能力。

第四，结合具体歌（乐）曲，了解不同历史时期、不同地域和不同国家的音乐特点，欣赏不同风格、不同流派的音乐作品。

## 三、课程内容

| 主题 | 聆听 | | 演唱 | | | 知识与技能 | 课时安排 |
|---|---|---|---|---|---|---|---|
| | 曲目 | 表现形式 | 歌曲名称 | 调号拍号 | 演唱形式 | | |
| 第一课《爱祖国》 | 《走进十月的阳光》《卢沟谣》《红旗颂》 | 合唱 管弦乐 | 《祖国我爱你》《只怕不抵抗》 | 1=C 2/4 1=G 2/4 | 齐唱 | 合唱 冼星海 延长记号 | 3 |
| 第二课《美妙童音》 | 《猜调》[法]《木偶的步态舞》《穷人的孩子早当家》 | 童声合唱 钢琴独奏 男声独唱 | 《摇船调》《一只鸟仔》 | 1=F 4/4 1=C 2/4 | 齐唱 | 反复跳跃记号 发声练习 | 3 |
| 第三课《我们的朋友》 | 《空山鸟语》《荫中鸟》 | 二胡独奏 笛子独奏 | [奥]《顽皮的杜鹃》《柳树姑娘》* | 1=F 4/4 1=F 3/4 | 齐唱 合唱 | 顿音记号 低音"5，6，7"唱名 刘天华 笛子 | 3 |
| 第四课《春天的歌》 | 《杨柳青》[意]《春》（《四季》之一） | 民乐合奏 小提琴协奏 | 《嘀哩嘀哩》《春天举行音乐会》 | 1=F 2/4 1=♭E 2/4 | 齐唱 | 十六分音符 八分休止符 发声练习 | 3 |
| 期中复习 | 复习巩固第1~4课所有歌曲 | | | | | | 4 |

（续表）

| 主题 | 聆听 | | 演唱 | | | 知识与技能 | 课时安排 |
| --- | --- | --- | --- | --- | --- | --- | --- |
| | 曲目 | 表现形式 | 歌曲名称 | 调号拍号 | 演唱形式 | | |
| 第五课《音乐会》 | 〔俄〕《进行曲》《男生贾里新传》主题曲〔德〕〔法〕《船歌》 | 口琴独奏手风琴独奏吉他独奏 | 〔美〕《我是小音乐家》〔日〕《嘹亮歌声》 | 1=F 2/4 1=F 4/4 | 齐唱合唱 | 发声练习 | 3 |
| 第六课《牧童之歌》 | 《小放牛》〔美〕《孤独的牧羊人》 | 唢呐与乐队领唱、合唱 | 〔澳〕《剪羊毛》《小小羊儿要回家》 | 1=C 2/4 1=F 4/4 | 齐唱 | 唢呐全音符 | 3 |
| 第七课《老师您好》 | 《我爱米兰》《飞来的花瓣》 | 二重唱领唱、合唱 | 《每当我走过老师窗前》《甜甜的秘密》 | 1=♭E 2/4 1=F 4/4 | 齐唱领唱合唱 | 单纯音符休止符 | 3 |
| 第八课《家乡赞歌》 | 《帕米尔，我的家乡多么美》《在那桃花盛开的地方》〔印尼〕《梭罗河》 | 女高独唱男高独唱女中音独唱 | 《山里的孩子心爱山》《小巴郎，童年的太阳》 | 1=♭B 4/4 1=♭E 2/4 | 齐唱独唱 | 高音"2̇,3̇"唱名女高音女中音男高音 | 3 |
| 期末复习 | 复习本册所有歌曲 | | | | | | 3 |
| | 巩固聆听本册所有欣赏曲目 | | | | | | 3 |

## 四、课程实施

### （一）课程资源

（1）《音乐》（三年级下册），人音版。

（2）配套音像资料。

（3）课件。

（4）教具学具：打击乐器、电子琴。

### （二）学习活动

（1）课前两分钟唱国歌或校歌，复习上节课的歌曲。

（2）在欣赏音乐时，应认真聆听，可以用自己的语言描述音乐的速度、力度等，说一说听音乐时眼前浮现出怎样的画面。养成良好的欣赏音乐习惯。

（3）在参与创编活动时，要和小组同学之间团结合作，积极创编旋律、编创动作，用自己喜欢的方式表现音乐。

（4）在演唱歌曲时，要用正确的演唱姿势、自然的声音、准确的节奏，自信有表情地演唱。

（5）在学习音乐知识时，要善于回忆以往所学的知识，想一想它们在歌曲中的作用，能够正确使用简单音乐符号，如顿音记号、反复记号等。能够正确表现出歌曲中出现的休止符。

（6）利用学具或自制打击乐器，模仿三角铁、双响筒、沙槌等打击乐器，和同伴合作，恰当地为歌曲伴奏。

（7）善于对自己和他人的演唱、表演做简单评价。通过课堂上与同学们和老师的交流，评价自己课前预习的效果，找出努力的方向。

（8）本学期，除了在音乐课上认真学习以外，还要积极参与学校组织的歌唱展示、表演展示、艺术节、庆"六一"展示等实践活动。

（9）结束了一学期的学习，在期末班内音乐会上，应努力一展风采，争当音乐小达人。

### 五、课程评价

课程评价制度是一种用于评估和教育课程质量的机制。小学音乐课程评价可通过如下分值来测评：

学期课程评价 = 过程性评价（50%）+ 终结性评价（50%）

过程性评价（50%）= 常规评价（30%）+ 单元评价（20%）

常规评价。主要看课堂上学生的音乐表现，包括能正确演唱歌曲、感受音乐作品风格特点，能正确掌握音乐知识，积极编创节奏及动作表演，等等。此项采用星级评价，由学生自评和小组评价组成，最高可获得 24 颗星。

| 评价维度 | 评价内容 | 优秀 ☆☆☆ | 良好 ☆☆ | 合格 ☆ | 评价主体 |
|---|---|---|---|---|---|
| 过程性评价与我的音乐表现 | 演唱演奏 | 节奏、音高准确，能配合动作有表情地演唱、演奏。 | 节奏、音高准确，有表情地演唱、演奏。 | 节奏、音高基本准确，可演唱和演奏。 | 组评自评 |
| | 聆听 | 能初步感受节奏、情绪、节拍等音乐要素在音乐中的表现力。 | 基本能感受节奏、情绪、节拍等音乐要素在音乐中的表现力。 | 只能感受个别音乐要素在音乐中的表现力。 | 组评自评 |
| | 编创活动 | 主动参与，积极创造，愉快合作。 | 乐于参与，积极模仿。 | 能够参与并模仿。 | 组评自评 |
| | 课堂表现 | 认真听讲，主动思考，积极发言。 | 认真听讲，主动思考。 | 基本能认真听讲并思考。 | 组评自评 |

此项成绩以 30% 权重计入总评。如学生甲在本表中共获得 20 颗星，则其常规评价为 25 分。

单元评价。教师在单元复习巩固课上随机挑选歌曲，通过提问、讨论、抽唱等方式检查学生的学习效果。每个单元最多可获得 8 ~ 10 颗星，以 8 个单元平均成绩作为单元评价成绩。此项成绩以 20% 权重计入总评。

终结性评价成绩（50%）＝歌表演（40%）＋乐器伴奏（10%）

| 评价项目 | 评价标准 | 总分 |
|---|---|---|
| 歌表演（40%） | 1. 歌词准确，节奏旋律准确，有感情地演唱歌曲。<br>2. 为歌曲加上舞蹈动作。 | |
| 乐器伴奏（10%） | 1. 节奏、音准准确。<br>2. 演奏姿势正确。 | |

学期总成绩以等级呈现，共分为三个等级。等级与分值的换算如下：

成绩≥90分为优秀，75～89分为良好，60～74分为合格，低于60分，说明学生还需努力。

### 六、所需条件及措施建议

（1）仔细研读教材，搜集相关资料，适当拓展教学内容。

（2）探究多样的教学方法。

（3）加强集体备课，上好研究课示范课。

（4）结合全区教学质量监测，做好本校质量检测，教学中注重多元评价。

（5）遵守多实践的原则，给学生提供音乐表现的机会。

## 第三节　初中音乐课程纲要的编写样例

### 初中音乐七年级（下册）音乐课程纲要编写样例

课程类型：国家课程
教材：《音乐》人教版
适用年级：七年级
课时：18课时

#### 一、教材分析

本教材为《音乐》人教版七年级下册。教材遵循音乐教学的基本规律，体现"以音乐审美为核心，以兴趣爱好为动力，面向全体学生，注重个性发展，重视音乐实践，鼓励音乐创造，提倡学科综合，弘扬民族音乐，理解多元文化，完善评价机制"的课程理念，体现"审美感知，艺术表现，创意实践，文化理解"的核心素养内涵，为学生终身热爱音乐、热爱艺术、热爱生活奠定良好的基础。

#### 二、学情分析

七年级的学生活泼好动，学习积极性高，虽然整体音乐素养还有待提高，但经过一个学期的学习后，学生在歌唱的音准、节奏，乐曲的欣赏、编创等学习环节上，都有很大的进步。学习自律性有所提高，能主动参与课堂教学活动，愿意参与课堂小组活动，与同学合作完成学习任务，但个别学习的音乐学习习惯还需改进。本学期仍要采用不同的教学方法，由浅入深，对学生音乐感受力、表现力进一步加强训练。以学习兴趣为主，激发学生的求知欲。

#### 三、课程目标

（1）通过课堂学习和训练，加强学生对音乐作品格调、人文内涵的感受和理解，培养学生音乐的欣赏能力，养成健康向上的审美情趣。在本册音乐课程的学习中，通过对不同民族、不同时代的音乐作品的学习，感知音乐的民族风格和情感，了解不同民族的音乐特色，热爱中华民族音乐文化。学习外国民族的音乐，理解音乐文化的多样性。

（2）通过教、学、练、创四为一体的方法，引导学生亲身参与演唱、演奏、编创等艺术实践活动，培养学生对音乐的好奇心和探究愿望，重视自主学习的探究过程，使学生能够积极参与、自由发挥，并能与他人充分交流，密切合作。以音乐为主线的艺术渗透，可以使学生更好地理解音乐、热爱音乐，为终身喜爱音乐奠定基础。

（3）学习并掌握音乐基本要素，如力度、速度、音色、节奏、旋律、调式和声等常见结构与体裁形式，及风格流派、演唱、演奏、识谱、编创等基础知识。学习演唱、演奏、创作的初步技能，能够自信、自然、有表情地演唱歌曲和演奏简单乐曲，了解音乐创作的基本方法，了解中外音乐发展的简要历史和有代表性的音乐家，初步识别不同时代、不同民族的音乐特点，根据自己的生活经验和已学过的知识认识音乐的社会功能，理解音乐与社会的关系。

## 四、课程内容

| 单元主题 | 单元目标 | 教学内容 | 课时安排 |
|---|---|---|---|
| 第一单元《春之声》 | 1. 通过学唱《渴望春天》，让学生感受 6/8 拍的律动，并学习用相应指挥图示辅助自己准确学唱。结合分析歌曲的创作手法及了解莫扎特的创作经历，做到用亲切、自然的声音更加准确地表达歌曲的艺术内涵。<br>2. 通过欣赏《春节序曲》《新疆之春》，逐步积累一定数量的经典曲目，背唱歌曲主题。<br>3. 学唱三声部合唱歌曲《春游》，理解作品内涵。<br>4. 结合绘画作品，欣赏《春之声》《春天来了》两首音乐作品，初步认识和理解不同艺术门类在表现相同题材时的内在联系。 | 第 1 课时：欣赏歌曲《渴望春天》。<br>第 2 课时：欣赏《春节序曲》《春之声》。<br>第 3 课时：欣赏歌曲《春游》《新疆之春》《春天来了》。 | 3 |

（续表）

| 单元主题 | 单元目标 | 教学内容 | 课时安排 |
|---|---|---|---|
| 第二单元《飞翔的翅膀》 | 1.通过演唱歌曲《小鸟，小鸟》，培养学生良好的演唱习惯，引导学生用轻快、活泼的声音演唱歌曲；通过感受音乐作品中可爱的小鸟形象，向学生传输保护动物的理念。<br>2.欣赏《百鸟朝凤》，了解民族乐器唢呐的音色及表现力。<br>3.通过欣赏乐曲《天鹅》《蜜蜂过江》《蝴蝶》，充分激发学生的想象力和创造力，让学生尝试自主分析音乐要素；能够背唱《天鹅》的主题旋律。 | 第1课时：欣赏歌曲《小鸟，小鸟》。<br><br>第2课时：欣赏《百鸟朝凤》。<br><br>第3课时：欣赏《天鹅》《蜜蜂过江》《蝴蝶》。 | 3 |
| 第三单元《八音之乐》 | 1.通过欣赏民族管弦乐合奏《春江花月夜》，了解民族管弦乐队的编制，深入体会民族器乐曲中借景抒情的表达方法，为整个单元的欣赏曲目做铺垫。通过作品了解民族器乐曲中"换头合尾"的结构形式，复习"鱼咬尾"的旋律发展手法，并逐步掌握用所学音乐知识分析音乐作品的方法。<br>2.了解中国古代乐器的分类，并通过欣赏民族器乐的演奏片段，辨别其音色；通过欣赏二胡独奏《二泉映月》，探究旋律、节奏、力度等音乐要素在音乐表达情感时的作用；简单了解主题与主题变奏的概念；了解民间艺人华彦钧。<br>3.通过欣赏吹打乐《小放驴》、江南丝竹《行街》两首作品，体会中国南北方音乐的不同风格，体会民族音乐的发展与地理环境、地方语言的关联，从而更加热爱我国的民族音乐。<br>4.通过打击乐合奏练习《龙腾虎跃》，参与音乐实践与表现。 | 第1课时：欣赏《二泉映月》。<br><br>第2课时：欣赏《春江花月夜》。<br><br>第3课时：欣赏《小放驴》《行街》，尝试打击乐合奏。 | 3 |

（续表）

| 单元主题 | 单元目标 | 教学内容 | 课时安排 |
|---|---|---|---|
| 第四单元《神舟音韵》 | 1. 本单元旨在进一步引导学生感受、体验不同地区民族民间音乐的特点，了解民族音乐体裁、形式、调式，进而认识到民族音乐是我国传统文化中重要的文化财富之一，是人类文明成果的结晶。<br>2. 通过音乐实践活动，引导学生体验江淮、浙赣、楚湘、闽粤地区音乐文化的丰富情感，了解不同地区民歌和器乐作品的地方特色。<br>3. 进一步加强学生对民族五声调式的认知，了解民歌体裁和民间器乐演奏的多样性。 | 第1课时：参与歌曲《凤阳花鼓》编创活动。<br><br>第2课时：欣赏《姑苏行》《将军得胜令》。<br><br>第3课时：欣赏《斑鸠调》《赛龙夺锦》。 | 3 |
| 第五单元《环球之旅——欧洲与大洋洲》 | 1. 通过学习几首欧洲、大洋洲国家有代表性的音乐作品，开阔学生视野，增强学生对世界多元文化的了解和尊重。<br>2. 在聆听、模唱中分析歌曲《桑塔·露琪亚》的结构、节拍特点，唱准旋律；用轻柔的、有控制的声音深情地演唱歌曲。并能边唱边挥拍，体会这首船歌摇曳荡漾的感觉。<br>3. 欣赏并比较欧洲及大洋洲等地区几个国家在音乐演唱方法、演奏形式、表演形式、乐器特色及调式、旋律、节拍等方面的特点，并关注文化共性特征形成的原因。 | 第1课时：参与歌曲《桑塔·露琪亚》编创活动。<br><br>第2课时：欣赏《劳特布鲁嫩的约德尔》《优雅》。<br><br>第3课时：欣赏《弗拉门戈》《卡林卡》《拉卡拉卡》《哈卡·马努马努》。 | 3 |

（续表）

| 单元主题 | 单元目标 | 教学内容 | 课时安排 |
|---|---|---|---|
| 第六单元《银屏之歌》 | 1.本单元通过对影视剧主题声乐、器乐作品的欣赏与分析，使学生能够主动了解影视音乐的特点、分类和主要功能，感受影视音乐在影视剧中的重要性。<br>2.在聆听、欣赏、感受作品的过程中，深刻体会音乐要素在表达作品方面所起到的重要作用。在欣赏过程中，能根据影视画面，选择适合的音乐进行配乐。通过模拟节奏、按指挥图示挥拍等一系列音乐活动，在加深学生学习兴趣的同时，达到强化音乐记忆的目的。<br>3.了解音乐知识"三部曲式结构"，拓展学生音乐知识学习的宽度。在欣赏影视音乐的过程中，使学生在视觉和听觉上获得丰富的体验与审美的享受。 | 第1课时：欣赏歌曲《音乐之声》。<br><br>第2课时：欣赏《你是这样的人》《辛德勒名单》。<br><br>第3课时：欣赏《悍牛与牧童》《日出》。 | 3 |

## 五、课程实施

### （一）教学方法

（1）讲授法。讲授法又称"口述教学法"，是教师通过口头语言向学生传授知识的教学方法，它包括讲述法和讲解法。在音乐教学中，讲授法能使音乐教师有较充分的主动性，使学生在较短的时间内获得系统连贯的知识。

（2）示范法。在音乐课的教学中，教师进行示范性的演唱、演奏，通过教师示范，学生更直观地了解歌唱的正确姿势，歌唱的声音要求，如何表达歌曲的情感，等等，让学生从教师处获得音乐的直观感受。

（3）体验法。学生在聆听音乐的过程中，可以跟随音乐的旋律进行拍手、拍肩、踏步、打响指等身体的律动，立体、深入地感知音乐，感受音乐的节拍、节奏的变化，旋律的起伏，以及乐句的划分等，学生把注意力集中在音乐上，有利于提高学习兴趣。

（4）多媒体展示法。教师利用多媒体，把音乐及相关学习内容通过课件、实物展示等方式，让学生能多方位立体地感受音乐。

**（二）学习方法**

（1）聆听感受法。音乐是听觉艺术，听觉体验是学习音乐的基础。学生学习音乐，应从音响出发，以听赏为主。学生在听的过程中，可以有天马行空的想象，对音乐作品产生不同的感受与见解。

（2）模仿法。在教学过程中，教师应鼓励学生在欣赏音乐作品的过程中大胆想象，大胆模仿，通过模仿旋律和节奏等完成对音乐作品的学习。模仿法可以提高学生对音乐学习的求知欲望。

（3）小组合作法。在教师指导下，学生亲身参与各项音乐实践活动，形成与完善音乐技能和发展音乐表现能力。小组合作法是将知识运用于实际，将知识转化为技能、技巧和发展学生音乐表现能力的方法。

**（三）实施手段**

（1）教师课前须认真备课，不仅备教学内容，还要详细了解年级学生的特点。要转变教学观念和方法，结合实际，以培养学生的审美能力为核心，围绕感受、体验这两点来设计教案。课前应准备好相应教具。

（2）充分调动学生的学习兴趣，因材施教，对不同的学生采用不同的教学手法，使学生能够充分发挥自己的优点。

（3）课堂教学形式的设计要有多样性，充满知识性、趣味性、探索性、挑战性，最大限度地调动学生学习的积极性和主动性。培养学生自主学习的能力，课堂教学环节设计突出学生的主体地位，创设情境，增进学生间的合作与交流。

（4）利用多媒体辅助教学，根据教学内容制作课件，在教学中通过观看图片、视听音频、视频，让学生立体地感受学习氛围。

（5）做好课下总结工作，根据课堂教学中出现的问题，对教学内容进行二次备课，总结经验，弥补不足，让课堂教学质量有所提升。

**六、课程评价**

音乐课程评价应充分体现全面推进素质教育的精神，着眼于评价的诊断、激励与改善的功能。通过科学的课程评价，有利于学生了解自己的进步，增强学习的信心和动力，促进课程教学质量不断提高。

### （一）评价方式与方法

#### 1.形成性评价

形成性评价是对学生在学习过程中的情感、态度、方法、知识、技能发展变化的评价。对于学生音乐学习的评价，可采用观察、谈话、提问、讨论、演唱、演奏、音乐编创等方式进行。

#### 2.终结性评价

终结性评价是对学生某一阶段的音乐学习进行总结、回顾和考核，根据"聆听、演唱、演奏、综合性艺术表演等考查方式"具体实施，一般在每学期或学年末进行。

### （二）评价内容及等级

| 评价方式 | 评价要点 | 评价标准 | 等级 |
|---|---|---|---|
| 形成性评价<br><br>自评<br><br>互评<br><br>他评 | 学唱歌曲 | 1.掌握已学过的简谱音乐知识，能独立视唱简单歌曲、乐曲的乐谱。<br>2.了解人声分类、演唱形式，基本掌握歌唱方法。<br>3.运用正确的歌唱方法，自信、有感情地演唱歌曲，表现歌曲风格，表达歌曲情感。<br>4.每学期会背唱2～4首歌曲（必含1首中国民歌），学唱1段京剧。<br>5.能与同学合作演唱简单的二声部歌曲。 | 测评等级按优秀、良好、合格、不合格四个等级给予评定 |
| | 音乐欣赏 | 1.听辨出音乐力度、速度、节奏、节拍、旋律、和声、调式等音乐要素在作品中的作用，运用所学音乐知识分析作品。<br>2.听辨西洋管弦乐队、中国民族乐队、电声乐队中常用乐器的音色。<br>3.认识并了解世界各国民族特色乐器，如骨笛、埙、编钟、古琴、马头琴、竖琴、英国管等。<br>4.简单表述所听不同体裁、不同形式的音乐及音乐不同段落的对比与变化，并能通过多种形式表现出来。 | |

（续表）

| 评价方式 | 评价要点 | 评价标准 | 等级 |
|---|---|---|---|
| 形成性评价<br>自评<br>互评<br>他评 | 音乐要素 | 1. 认识音名、音符、休止符及一些常用的音乐符号，能够跟随琴声视唱简单乐谱，具有初步的识谱能力。<br>2. 了解音乐的力度、速度、节奏、节拍、旋律、和声、调式等音乐表现要素在作品中的作用。<br>3. 辨别节拍的不同，体验二拍子、三拍子、四拍子的律动感，并对二拍子、三拍子的音乐做出相应的体态反应。 | 测评等级按优秀、良好、合格、不合格四个等级给予评定 |
| | 编创实践 | 1. 即兴创编律动或舞蹈，参与歌曲表演。<br>2. 与同学合作即兴创编音乐故事、音乐游戏、律动或舞蹈，并参与表演。<br>3. 用教师或教材提供的材料和方法采用"鱼咬尾""重复""模进"等创作手法，独立或与他人合作编创4～8小节的旋律短句或短曲，并用乐谱记录下来，演唱出来。 | |
| 终结性评价 | 唱歌/欣赏/音乐知识/编创 | 1. 分析歌曲的风格特点、音乐情绪和意境；听辨欣赏曲目，能说出乐曲作者、国籍及乐曲风格特点。<br>2. 了解部分中外音乐史知识，如各乐派代表人物、作品等。<br>3. 说出不同历史时期、不同地域和国家的代表性音乐作品。<br>4. 为诗词、短语创编4～8小节旋律片段。 | 卷面考试 |

## 七、所需条件及措施

（1）仔细研读教材，搜集相关资料，适当拓展教学内容。

（2）探究多样的教学方法。

（3）加强集体备课，上好研究课示范课。

（4）结合全区教学质量监测，做好本校质量检测，教学中注重多元评价。

（5）遵守实践原则，给学生提供音乐表现的机会。

## 第四节　高中音乐课程纲要的编写样例

### 高中音乐鉴赏一年级（上学期）课程纲要编写样例

课程类型：必修课程

教材：《音乐》人音版

适用年级：高中一年级上学期

课时：18课时

### 一、课程背景

普通高中音乐课程以音乐鉴赏、歌唱、演奏、音乐编创、音乐与舞蹈、音乐与戏剧六个模块为必修（选学）课程，根据学校实际情况，高一年级选择音乐鉴赏为必修课。

#### （一）教材分析

本教材的《音乐鉴赏》模块以"不忘初心"拉开序幕，分上下两篇，共计十八个单元，涵盖课标的各项要求。本学期学习内容为序篇和上篇八个单元，教材以"单元＋节"作为课例呈现的基本组织方式，每单元两节，共计18课时。每单元均包括作品鉴赏、知识、拓展与探究等栏目，内容统一，易理解，有助于对教材内容的合理规划。教学内容主要是让学生了解音乐要素，中国多彩的民歌，丰富的民间器乐、戏曲，中外影视音乐，舞蹈音乐，世界民族音乐以及人声的分类等。教材内容以点带面、点面结合，集中展现了各类常见音乐体裁与形式。旨在通过聆听和感受音乐以及对音乐历史与文化的学习，培养学生的音乐审美能力和评价、判断能力，增进学生音乐文化素养。学会聆听是音乐学习的基础，音乐鉴赏也是便于教学班级授课的必修模块。

#### （二）学情分析

普通高中的学生对于音乐的理解不同于专业的音乐学者，他们对于音乐文化相对陌生，所以教学设计尽可能从学生的"已知""未知""能知""想知"和"怎么知"进行全面的思考分析。因此在音乐鉴赏课上，多让学生用心聆听音乐，感受音乐内在魅力，让学生们多讨论问题，讲出自己的理解，老师再加以讲解，这样可以有效地调动学生积极性。对于有特长的学生尽量给予他们展示的机会，树立他们的自信心，同时又为其他同学的学习起到引领作用。

## 二、课程目标

本学期通过学习中国民族音乐，引导学生从文化角度关注、学习音乐作品和音乐现象，及作品产生的历史文化背景和风格特征；增强民族自豪感，坚定文化自信，培养爱国主义情操；体验、学习理解其他国家和民族的优秀音乐文化，树立平等的文化价值观，拥有尊重文化多样性的人文情怀。

使学生逐渐养成听赏音乐的习惯，体验音乐的美；关注学生在音乐学习过程中个体或群体的音乐表现实践，从感性经验的积累深化对音乐的理解，在实践中逐步提升音乐艺术表现技能，增强自信；培养学生在集体性表演活动中展现协作能力，培育团队精神等。

引导学生通过音响本体和音乐表现要素（旋律、节奏、速度、力度、音色、调式等）体验音乐美感，感知作品表达的情绪、情感、意境、意志并产生共鸣，理解音乐要素在音乐情感和思想内涵表达中的作用。辨识并描述作品的时代风格和民族风格，评价作品的社会功能，演唱和熟悉作品主题。

## 三、课程内容及安排

| 序篇　不忘初心 | | |
|---|---|---|
| 章节 | 作品鉴赏（课程内容） | 知识 |
| 第一节 | 了解本学期课程结构内容、课程纲要，欣赏《祖国颂》。 | 音乐的功能。 |
| 第二节 | 欣赏《不忘初心》《谁不说俺家乡好》《我和我的祖国》。 | 音乐的功能。 |

（续表）

| 章节 | 作品鉴赏（课程内容） | 知识 |
|---|---|---|
| 教学要求 | 让学生运用之前所积累的音乐知识，初步聆听、感知、分析四首作品的演唱形式、表现要素、表现感情与情绪等能力，了解音乐的功能。 | |
| 教学重点 | 欣赏《不忘初心》《谁不说俺家乡好》，理解、分析歌词内涵及韵辙规律，并饱含深情、富有韵味地朗诵歌词。教师带领学生感受山东方言的魅力。 | |
| 教学难点 | 领悟音乐艺术魅力，能够较为准确地通过演唱、指挥表现6/8拍旋律特有的韵律感。 | |
| 课时安排 | 2课时。 | |

<table>
<tr><th colspan="3">第一单元　学会聆听</th></tr>
<tr><th>章节</th><th>作品鉴赏</th><th>知识</th></tr>
<tr><td>第一节　音乐要素及音乐语言</td><td>欣赏《一杯美酒》《轻骑兵序曲》。</td><td>音乐要素及音名。</td></tr>
<tr><td>第二节　音乐情感及情绪</td><td>欣赏《祝酒歌》《立志》《母亲教我的歌》《流浪者之歌》。</td><td>音乐情感及情绪，表情记号，速度符号。</td></tr>
<tr><td>教学要求</td><td>本单元的六首作品极具代表性，教师须引领学生对这些作品进行听赏体验并做出适度的艺术表现。进一步加深感知、分析、理解"音乐是如何通过对特定的音乐语汇和形式要素进行不断变化发展的"，为之后的音乐学习打下基础。</td><td></td></tr>
<tr><td>教学重点</td><td>通过模唱、视唱、背唱，表现《一杯美酒》第一句与尾声部分中"一杯美酒，一杯甜酒"的情绪变化。在聆听赏析《轻骑兵序曲》的基础上，分析作曲家采用吉卜赛音乐风格的历史原因和文化背景。</td><td></td></tr>
<tr><td>教学难点</td><td>借助《一杯美酒》作品对节奏型和旋律发展特征的探寻，让学生参与模仿和创造性击打乐谱标示的左右手典型节奏型。</td><td></td></tr>
<tr><td>课时安排</td><td>2课时。</td><td></td></tr>
</table>

<table>
<tr><th colspan="3">第二单元　腔调情韵——多彩的民歌</th></tr>
<tr><th>章节</th><th>作品鉴赏</th><th>知识</th></tr>
<tr><td>第三节　汉族民歌</td><td>欣赏《澧水船夫号子》《脚夫调》《弥渡山歌》《姑苏风光》《孟姜女》《幸福歌》</td><td>汉族民歌的分类和基本特征。</td></tr>
<tr><td>第四节　少数民族民歌</td><td>欣赏《辽阔的草原》《宗巴朗松》《牡丹汗》《蝉之歌》</td><td>蒙古族、藏族、维吾尔族、侗族的民歌特征。</td></tr>
</table>

（续表）

| 章节 | 作品鉴赏 | 知识 |
|------|---------|------|
| 教学要求 | 了解民歌的历史、特征、分类及文化意义。<br>学生应掌握的概念与理论：<br>1. 民歌的概念。<br>2. 各类民歌的特征及功能意义。 | |
| 教学重点 | 把握各地民歌的风格与特征，认识民歌中一些常见的体裁形式，进而认识民歌是我国传统文化中重要的精神财富，是世界优秀音乐文化中的绚丽瑰宝。 | |
| 教学难点 | 教师带领学生辨识各地民歌风格，感受其在方言、旋律、节奏、节拍、歌词、调式、结构等方面的特点，了解号子、山歌、小调三种不同体裁的汉族民歌风格特征。 | |
| 课时安排 | 2课时。 | |

### 第三单元　鼓舞弦动——丰富的民间器乐

| 章节 | 作品鉴赏 | 知识 |
|------|---------|------|
| 第五节　鼓乐铿锵 | 欣赏《锦鸡出山》《滚核桃》《童谣》。 | 鼓吹乐，打溜子，吹歌。 |
| 第六节　丝竹相合 | 欣赏《中花六板》《娱乐升平》。 | 江南丝竹，广东音乐。 |
| 教学要求 | 了解中国器乐作品的分类、历史和代表作品。<br>学生应掌握的概念及理论：<br>1. 北方锣鼓、江南丝竹等民族器乐。<br>2. 交响乐队和民族乐队演奏的中国近现代作品。 | |
| 教学重点 | 区别传统器乐与近现代民族器乐作品在审美及形态上的差异。 | |
| 教学难点 | 建立多元化审美理念，感受、体验、认识不同的音乐风格，了解形成其音乐风格的主要原因。在鉴赏更多的民间器乐方面能够取得举一反三的良好效果。 | |
| 课时安排 | 2课时。 | |

### 第四单元　国之瑰宝——京剧

| 章节 | 作品鉴赏 | 知识 |
|------|---------|------|
| 第七节　京剧传统戏 | 欣赏《我正在城楼观山景》《看大王在帐中和衣睡稳》《忽听得万岁宣包拯》《蒋干盗书》唱段。 | 京剧行当，京剧的流派及代表人物，京剧四大名旦。 |

（续表）

| 章节 | 作品鉴赏 | 知识 |
|---|---|---|
| 第八节　京剧现代戏 | 欣赏《望人间》《家住安源》唱段。 | 京剧音乐，京剧现代戏。 |
| 教学要求 | 了解京剧产生、发展的历史，走近京剧大师梅兰芳，聆听京剧的唱腔特点。学生应掌握的概念和理论有京剧，梅兰芳、老谭三杰、四大名旦，【南梆子】【四平调】。体验、感受不同行当、不同流派的特色。 | |
| 教学重点 | 聆听京剧唱段，认识【南梆子】和【四平调】在刻画人物形象、表现角色情感方面的作用。 | |
| 教学难点 | 对京剧的学唱模仿，应注重表现其中的韵味，体验不同行当的唱腔、吐字咬字方法，通过学做简单的身段动作，体验不同行当的表演特点。 | |
| 课时安排 | 2课时。 | |

## 第五单元　诗乐相彰——歌曲艺术

| 章节 | 作品鉴赏 | 知识 |
|---|---|---|
| 第九节　独唱曲 | 欣赏《大江东去》《吐鲁番的葡萄熟了》《重归苏莲托》《夜莺》。 | 人声的分类。 |
| 第十节　合唱曲 | 欣赏《雨后彩虹》《大漠之夜》《命运女神》。 | 合唱，清唱剧，拓展与探究。 |
| 教学要求 | 了解人声的特点和分类，对男中音、女中音、男高音、女高音的音色特点和音域范围有一定的认识和了解。开阔学生视野，进一步感受音色特点和音域范围。 | |
| 教学重点 | 根据歌曲旋律进行与音区特点，可让学生有感情地演唱《吐鲁番的葡萄熟了》和《重归苏莲托》的第一段。有针对性地引导学生，注意旋律和重音音节。 | |
| 教学难点 | 通过整体聆听，片段学习，理解作品，情感深化，使学生对音乐的感知层层深入。 | |
| 课时安排 | 2课时。 | |

## 第六单元　音画交响影视音乐

| 章节 | 作品鉴赏 | 知识 |
|---|---|---|
| 第十一节　中国影视音乐 | 欣赏电影《冰山上的来客》插曲《怀念战友》，电视剧《大宅门》主题歌《大宅门》，电影《百鸟朝凤》配乐《百鸟朝凤》。 | 无声电影时代，有声电影时代。 |

（续表）

| 章节 | 作品鉴赏 | 知识 |
|---|---|---|
| 第十二节 外国影视音乐 | 欣赏电影《星球大战》主题曲《星球大战》，电影《天使艾米莉》片尾曲《艾米莉的华尔兹》。 | 影视音乐的功能，拓展与探究。 |
| 教学要求 | 通过对中外影视音乐的学习，引导学生感受、体验影视音乐的音画交响风格，从中领略外国优秀影视音乐的魅力和我国优秀民族音乐在影视音乐中的风采，树立文化自信，了解多元文化。 | |
| 教学重点 | 聆听感受电影插曲是如何帮助影视情节来塑造人物形象和表达感情的。体验、辨识并描述音乐的时代特征和民族风格，了解时代背景下的影视剧的内容与影视剧音乐间的相互影响和相互作用。 | |
| 教学难点 | 通过中外影视音乐作品的创作背景，创作风格，表现手法等，认识音乐文化的传承与发展，继承与借鉴，共性与个性之间的关系。 | |
| 课时安排 | 2课时。 | |

## 第七单元 舞动心弦——舞蹈音乐

| 章节 | 作品鉴赏 | 知识 |
|---|---|---|
| 第十三节 中国舞蹈音乐 | 欣赏《阿细跳月》、《快乐的女战士》（选自芭蕾舞剧《红色娘子军》）、《伎乐天》（选自芭蕾舞剧《敦煌梦》第一组曲）。 | 民间舞，舞剧音乐。 |
| 第十四节 外国舞蹈音乐 | 欣赏《自由探戈》《小步舞曲》《西班牙舞曲》。 | 柴可夫斯基，芭蕾舞剧，拓展与探究。 |
| 教学要求 | 本单元的学习内容旨在通过欣赏具有代表性的中国舞蹈与外国舞蹈音乐，激发、培养、发展学生对舞蹈音乐的热爱与理解，进而引导学生对舞蹈艺术的关注。欣赏《阿细跳月》《快乐的女战士》，初步认识舞蹈音乐的艺术特征，掌握必要的鉴赏舞蹈音乐的知识。 | |
| 教学重点 | 理解舞蹈音乐在舞蹈作品中的地位与作用，分析舞蹈与音乐之间的关系。 | |
| 教学难点 | 理解、了解舞曲的来源，发展与社会价值以及对音乐发展的影响。感受、体验音乐风格特点，掌握其不同的音乐节奏特征以及作品形成的素材来源。 | |
| 课时安排 | 2课时。 | |

（续表）

| 第八单元　异域风情——世界民族音乐 | | |
|---|---|---|
| 章节 | 作品鉴赏 | 知识 |
| 第十五节　亚洲与非洲音乐 | 欣赏《欢迎》《鼓舞》片段。 | 亚洲音乐，非洲音乐。 |
| 第十六节　欧洲与拉丁美洲音乐 | 欣赏《优雅》《告别》。 | 欧洲音乐，拉丁美洲音乐，拓展与探究。 |
| 教学要求 | 引导学生探究亚洲、非洲、欧洲、拉丁美洲的音乐文化。作为高中学生应该学习一切对提高自身人文以及科学文化素质有益的知识，真正做到弘扬民族文化，尊重文化多样性。 | |
| 教学重点 | 欣赏具有代表性的亚洲与非洲传统音乐，引导学生感受、体验亚洲与非洲传统音乐的风格特征，初步认识印度萨朗吉音乐与非洲鼓乐的音乐特点。 | |
| 教学难点 | 知道亚洲、非洲音乐文化与地理、经济、民族、文化等因素的密切关系。 | |
| 课时安排 | 2课时。 | |

## 四、课程实施

（1）坚持以聆听为主，倡导学生对音乐作品建立整体审美感知。可以根据音乐作品的特点，引导学生在听赏环节中唱、奏音乐主题或随乐律动，可适当穿插相同题材的歌曲演唱或综合艺术表演等实践活动，激发学生的课堂参与感，体验作品的音乐情感，加深音乐理解。

（2）聆听音乐时，可结合课后拓展与研究，设计具有启发性和探究性的问题，采用讨论的方式，师生、生生沟通和交流对音乐的感受与理解。鼓励学生对音乐展开联想与想象，用口头描述、写作等形式，表达鉴赏心得。

（3）在教学中，可根据作品的表现题材和特点，创设体验音乐的情境，引导学生更好地理解音乐。结合与作品相关的历史文化背景，启发学生领悟音乐的社会意义和文化内涵。

（4）引导学生对易于理解的专题或自选专题搜集相关文字、乐谱、图片、音视频等资料进行深入研究，开展互动交流。

（5）鼓励学生走进音乐厅、剧场，了解公共艺术场所的行为规范。

为做好以上教与学，教师须把握以下几点原则：

第一，参与原则。教师要创造良好的音乐艺术与教育氛围，鼓励学生，尽可能地激发学生积极主动地、全身心全方位地参与音乐实践活动，使他们获得音乐审美体验。

第二，情感愉悦原则。审美教育是一种情感教育，教师要牢牢把握情感愉悦原则，让学生在心情舒畅的前提下去主动参与音乐审美活动，有效地打开学生的心灵之窗，使其享受美感，陶冶情操。

第三，艺术探究原则。一方面要引导学生感受、体验、理解音乐作品；另一方面要引导学生阅读课本，通过其他途径自主、深入地学习，在获得基础的音乐体验后进行探究，二者结合，再加上老师的必要讲解，学生一定能学有所成。

## 五、课程评价

音乐课程评价有助于学生了解自己的进步，发现和发展自己的音乐潜能，建立自信，促进音乐感知、表现和创造等能力的发展；有利于教师总结经验，提高教育教学水平。把评价融进教学的全过程，采用形成性评价和终结性评价相结合，师生、生生互评等方式进行。

| 评价描述 | 评价方式 |
| --- | --- |
| 1. 在聆听音乐过程中，能保持安静、专注的听赏状态；能说出所学音乐的作品名称、题材、体裁；能感受所听作品的感情、风格等基本特点。<br>2. 熟悉所学作品的音乐主题，并能随乐哼唱。<br>3. 生活中能根据自己的审类情趣和爱好，选择适宜的音乐进行欣赏，并与他人交流对音乐作品的看法和观点。 | 形成性评价（师生、生生）。 |
| 1. 聆听不同艺术风格和表现形式的音乐，不断积累听赏音乐的经验，养成听赏音乐的良好习惯；能根据自己的音乐经验，识别所听作品的音乐体裁、表现形式及主要艺术特征。<br>2. 在欣赏作品时，能有意识地进行探究音乐形式与表现内容的关系；能在教师提示下认识音乐要素对作品情感内涵表达和风格形成的作用；能对一些不同地域、不同风格或不同表现形式的音乐作品进行比较。 | 形成性评价（师生、生生）。 |
| 3. 能听辨并学唱所聆听作品的音乐主题。<br>4. 能运用现代信息技术搜寻和积累音乐资料，选择适合的音乐进行欣赏，并结合所学知识与他人探讨、交流音乐作品的风格特点和文化特征。 | 终结性评价（学期质量测试）。 |

| 评价描述 | 评价方式 |
|---|---|
| 1. 在聆听音乐过程中，能根据所学知识判断、识别其风格、民族特性和地域特征。<br>2. 在欣赏音乐时，能举例说明主要音乐要素及其组织形式在音乐表现中的作用；能根据音乐经验、社会经验和所掌握的相关文化知识，对所鉴赏作品的音乐风格、音乐表现形式和文化内涵等做出初步分析与简要评价。 | 终结性评价（学期质量测试）。 |
| 3. 能够听辨和背唱所学作品的音乐主题，并能说出其中一些作品的相关信息。<br>4. 能用现代信息技术搜寻和积累音乐资料，鉴赏音乐；能对音乐的基本特征或风格流派及其与社会、历史、文化、民族、地域的关系有一定认识和理解，并与他人分享。 | 形成性评价（师生、生生）。 |

## 六、所需条件及措施

（1）根据新课程标准，研究新版本教材内容，注重必修和选择性必修课程的衔接。

（2）召开教学研讨会，增强集体备课，上好研究课示范课。

（3）做好教学质量监测。

（4）开发当地资源，给学生提供音乐表现的机会。

（5）注重多元评价。

（6）时刻关注课堂随机生成的问题，思考解决办法，积累教学经验。

# 第三章
# 新课程标准视域下的单元学历案撰写与教学评价

## 第一节　单元学历案要适应核心素养导向的新要求

2014 年，教育部印发了《关于全面深化课程改革落实立德树人根本任务的意见》。2016 年，《中国学生发展核心素养》发布，"核心素养"成为我国课程育人的关键词。2017 年，教育部印发了《普通高中课程方案和语文等学科课程标准》，凝练了每门课程的学科核心素养，形成了课程目标、内容标准与学业质量标准的"目标一族"，对教学设计提出了新的要求。如何改造适用于短时间学习、局限于低阶位目标的课时学历案，以适应核心素养时代的教学诉求，成为亟待解决的问题。

从课时学历案到单元学历案，设计单元学历案对于教师专业实践来说，意味着更大的挑战，但这也是教师专业发展的进阶所在。那么，该如何理解单元学历案的可行性呢？从学历案自身的功能定位来看，具备五大功能：

第一，学历案是教师为帮助学生学好教材而编制的助学方案，而不是教师的施教方案，类似医师给病人写的病历或处方。

第二，学历案为学生提供了明确的目标和达成目标学习路径的认知地图，类似导游给游客定制的旅游计划。

第三，学历案便于建立记录完整学习过程的学习档案，体现了学习的主体性、建构性与累积性。同时，也能很好地帮助学生唤起或唤醒学习过程的回忆。

第四，学历案是师与师、师与生、生与生的互动文本载体，既体现教学的专业性，又能落实深度学习。

第五，学历案是教师日常监测学业质量的直接依据，既能体现教学评的一致性，又能真正实现"过程性评价信息的第一用户是学生"。

目前广大教师对各个年级的单元学历案均有专业实践，以学历案为主题的教学探索成果多次在各省份的省级教学成果奖评选中获奖，这也证明了学历案的可行性。

# 第二节　小学音乐单元学历案样例

## 《音乐》人音版六年级下册第三单元学历案

### 一、课标要求

**（一）听赏与评述**

（1）能听辨音乐中的情绪和情感变化，能用音乐要素简单分析音乐情绪、情感产生变化的原因。

（2）能辨别音乐节拍的变化，能对常见节拍以及变化拍子做出相应的反应。

（3）能区分歌曲的不同类别和演唱形式，能分辨所听乐曲的音乐体裁、形式，可简单描述其音乐特征和风格特点。

（4）丰富中国民歌、民族器乐曲和戏曲的欣赏曲目，进一步加深对戏曲相关知识以及其他常用的中国传统音乐知识的了解。

**（二）独唱与合作演唱**

（1）乐于参与不同形式的演唱活动，能用正确的姿势、方法，自然的声音，准确的节奏和音调演唱歌曲。

（2）熟悉常用的音乐记号，在演唱中能正确地加以表现或根据指挥提示调整自己的演唱。

（3）能用声势、语言、动作等模仿或表现包含简单和稍复杂节奏型的节奏谱（含多声部节奏）。

**（三）独奏与合作演奏**

（1）乐于参与各种形式的演奏活动，提高演奏的兴趣。能用正确的姿势和方法视谱演奏，养成良好的演奏习惯。

（2）掌握所学乐器的基本演奏技巧，不断提高演奏能力。

## 二、单元目标

（1）感受乐曲《龙腾虎跃》热烈欢腾的音乐情绪，说出乐曲主要的演奏乐器。

（2）能用热情活泼风格背唱歌曲《拍手拍手》，并编创拍手的节奏和新歌词以增加歌曲的气氛，表达对文明友爱的美好祝愿。

（3）学唱歌曲《明天会更好》，与同伴一起根据歌曲内容设计表演形式。

（4）认识民族乐器分类，能听辨并说出乐器的名称和所属的乐器组别，会自制小乐器。

（5）能够完整地演唱歌曲《DO–RE–MI》和《滑雪歌》。

## 三、单元知识结构

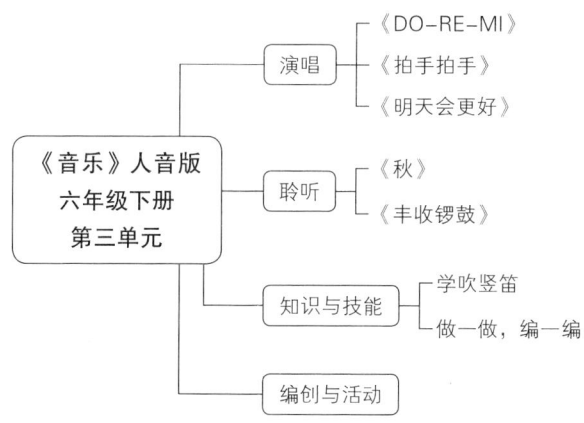

## 四、设计说明

本单元设计旨在以立德树人为根本任务，培养学生的审美感知、艺术表现、创意实践、文化理解等。让学生能更好地感受音乐情绪、情感和音乐特点，随音乐即兴表演，提高自身编创水平。在听赏中，能感知音乐的主题，丰富民族器乐曲的听觉经验以及对不同类别、体裁形式音乐的表现特征及风格的感受与体验。

## 课 例：

## 第 3 课　银屏之声

### 第 1 课时

#### 学习目标

（1）学生通过聆听和体验，能较准确地理解、表现本单元音乐作品的情绪与意境。

（2）养成良好的歌唱习惯，同学们能用自然的声音演唱本单元的歌曲，能背唱一首与雪有关的歌。

（3）学生能积极地参与歌表演、音乐游戏、律动等生动活泼的音乐学习活动，体验与他人合作的乐趣，提高自身音乐创造力和合作能力。

#### 设计分析

| 课程内容 | 欣赏 | | | | 表现 | | | | 创造 | | | 联系 | | |
|---|---|---|---|---|---|---|---|---|---|---|---|---|---|---|
| | 音乐情绪情感 | 音乐表现要素 | 音乐体裁形式 | 音乐风格流派 | 声乐表演 | 器乐表演 | 综合性艺术表演 | 乐谱识读 | 声音与音乐探索 | 即兴表演 | 音乐编创 | 音乐与社会生活 | 音乐与姊妹艺术 | 音乐与其他学科 |
| 《滑雪歌》 | √ | √ | | | √ | | | | | √ | | | | √ |

## 评价任务

| 学习目标 | 评价任务（基于音乐实践） | 评价标准 |
|---|---|---|
| 目标1 | 能从音乐中感悟冬季的快乐。 | 能有感情地演唱歌曲。 |
| 目标2 | 体验与他人合作的乐趣。 | 设计表演形式，与同学合作表演。 |

## 学习过程

### 一、学唱歌曲

1. 介绍关于"雪"的音乐作品

以小组为单位派代表向同学介绍本组收集的作品。欣赏《雪绒花》《踏雪寻梅》《雪花飞舞》等歌曲的片段。

2. 情境导入

（1）小组间互相交流下雪时自己喜欢做的事情。

（2）猜谜语："叫花不是花，夏天不见它。寒风吹来时，飘落千万家。"

3. 学唱歌曲

（1）用音乐游戏《堆雪人》做导入。

（2）伴随着音乐伴奏，轻声、有节奏地朗诵歌词，为学唱歌曲进行铺垫。

（3）用听唱法学唱歌曲，引导学生用肢体语言表现歌词。

（4）体会三拍子的韵律。

【评价标准】能从音乐中感悟冬季的快乐。

### 二、欣赏《滑雪歌》

（1）初听全曲，引导学生感受歌曲的快乐气氛。

（2）复听全曲，学生讲出雪孩子的可爱之处。

师：雪花真好看，把好多小雪花揉在一起就变成了一个可爱的雪孩子。（播放动画片《雪孩子》片段）

（3）模仿堆雪人的情景与歌曲互动。

①将全班同学进行分组。

② 分组进行堆雪人动作的律动。

③ 发挥想象，创编不同的"雪人"造型，随音乐表演堆雪人。

【评价标准】设计表演形式，与同学合作表演。

## 检测与作业

请同学们在课下多合作，加入感情去演唱歌曲。

## 学后反思

### 一、知识梳理

本首乐曲为四四拍，强弱特点为强弱次强弱。注意附点音符和连音线的演唱。

### 二、问题反思

（1）本课歌曲是四四拍的歌曲，节奏比较简单，但是在音的转换上有些难度，可在课下多加练习。

（2）旋律中多处出现了连音线，很容易与其他不带连音线的小节混淆，演唱时要注意。

【设计意图】本课时设计重点在于展现学生的个性化理解和创意，在实践中增强交流与合作能力，能选用合适的音乐作品表达自己的情感，编创与展示简单的音乐作品，发展自身的想象力和创造力。

## 课 例：

## 第 2 课时

## 学习目标

欣赏并学唱歌曲《DO-RE-MI》，感受、体验歌曲的音乐情绪，寻求使用乐谱的快乐。

## 设计分析

| 课程<br>内容 | 欣赏 | | | | 表现 | | | | 创造 | | | 联系 | | |
|---|---|---|---|---|---|---|---|---|---|---|---|---|---|---|
| | 音乐情绪情感 | 音乐表现要素 | 音乐体裁形式 | 音乐风格流派 | 声乐表演 | 器乐表演 | 综合性艺术表演 | 乐谱识读 | 声音与音乐探索 | 即兴表演 | 音乐编创 | 音乐与社会生活 | 音乐与姊妹艺术 | 音乐与其他学科 |
| 《DO-RE-MI》 | √ | √ | | | √ | | | | √ | | | | | √ |

## 评价任务

| 学习目标 | 评价任务（基于音乐实践） | 评价标准 |
|---|---|---|
| 目标1 | 能从音乐中感悟快乐。 | 有感情地演唱歌曲。 |
| 目标2 | 小组合作分角色演唱。 | 设计表演形式，与同学合作表演。 |

## 学习过程

### 一、学唱歌曲

**1. 情境导入**

（1）初听英文原版《Do-Re-Mi》。思考这首歌让我们认识了什么，音乐情绪是怎样的。

（2）复听（中文版）。思考共有几个乐句，歌曲将七个音比作什么，作者为什么这样编写歌词。

**2. 寓教于乐**

（1）教师范唱，学生伴唱。将每个乐句用一个动作表现。（运动型、生活型、学习型……）

（2）将学生分为两个声部进行演唱。

（3）将学生分为七个组跟琴演唱。每组用一个动作表示一个音。

（4）跟着伴奏带有表情地唱好《Do-Re-Mi》，进行节拍传递游戏。

【评价标准】学生能有感情地演唱歌曲。

## 二、分角色演唱

### 1. 介绍《音乐之声》

这首歌曲是美国音乐剧《音乐之声》的主题曲之一，由哈默斯坦作词，罗杰斯作曲。《音乐之声》是美国电影史上一部经典音乐故事片，曾获得第 38 届奥斯卡金像奖最佳影片等五个奖项，被誉为世界影坛最动人的音乐片之一，打破过美国电影史上歌舞片的票房纪录。

影片讲述了 1938 年发生在奥地利的一个真实的故事：修女玛丽亚是个性格开朗、热情奔放的姑娘。她爱唱歌、跳舞，还十分喜爱大自然的清新、宁静和美丽，她应聘到上校家做家庭教师，孩子们从学唱"Do, Re, Mi"开始，在游戏中学会了唱歌，懂得了七个音符能创造出美妙的音乐。

### 2. 聆听《雪绒花》《孤独的牧羊人》

内容略。

### 3. 结课

此课程可以让学生领略音乐剧的魅力，感受到节拍游戏的趣味，懂得稳定的节奏在音乐里的重要性；从歌曲里了解"音阶"的特点，感受学习音乐的趣味性。

【评价标准】设计表演形式，与同学合作表演。

## 检测与作业

请同学们在课下多多合作表演，饱含感情去演唱歌曲。

## 学后反思

这首歌的巧妙在于将七个音的唱名，安排七个孩子每人唱一种，并从音阶出发，运用作曲技法，使学习音乐知识变得轻松、愉快。

【设计意图】本课时设计活动使学生能自信、自然地进行演唱、演奏，乐于表达自己独特的感受和想法，在实践中增强规则意识、责任意识和学习意志力等，发展交流与合作能力。

**课　例：**

第 3 课时

### ♪ 学习目标

（1）能听出歌曲《爱是一首歌》中出现的人声音色和演唱形式，说一说令自己感动的是哪一段。

（2）用嘹亮的歌声随音乐哼唱《两颗小星星》，唱出歌中主人公的自豪感。

### ♪ 设计分析

| 课程<br>内容 | 欣赏 | | | | 表现 | | | | 创造 | | | 联系 | | |
|---|---|---|---|---|---|---|---|---|---|---|---|---|---|---|
| | 音乐情绪情感 | 音乐表现要素 | 音乐体裁形式 | 音乐风格流派 | 声乐表演 | 器乐表演 | 综合性艺术表演 | 乐谱识读 | 声音与音乐探索 | 即兴表演 | 音乐编创 | 音乐与社会生活 | 音乐与姊妹艺术 | 音乐与其他学科 |
| 《爱是一首歌》<br>《两颗小星星》 | √ | | | √ | √ | | | | | √ | √ | √ | | |

### ♪ 评价任务

| 学习目标 | 评价任务（基于音乐实践） | 评价标准 |
|---|---|---|
| 目标1 | 完整聆听作品。 | 分辨人声音色和演唱形式。 |
| 目标2 | 体会主人公的自豪之感。 | 随歌曲有感情地哼唱。 |

### ♪ 学习过程

**一、聆听歌曲《爱是一首歌》**

（1）展示动画片《小鹿斑比》的相关图片或视频片段，看过这部动画片的学生可以讲一讲其中的故事。

（2）初听歌曲。可以听出歌曲中出现的人声音色和演唱形式。聆听前，教师带领学生一起回顾有哪些人声分类和学过的演唱形式，并把这些知识写在黑板上，便于在聆听时对照。

（3）复听歌曲。听后说一说歌中的哪一段最令自己感动。从歌名和歌词中谈一谈对歌曲的理解，结合歌曲的演唱形式"领唱与合唱"所体现的效果，体会歌曲最令人感动的部分。

（4）再次聆听，感受歌曲所表达的甜美与温馨。

【评价标准】分辨人声音色和演唱形式。

### 二、聆听歌曲《两颗小星星》

（1）简单回忆德国影片《英俊少年》的故事情节，谈一谈自己对主人公海因切的印象。

（2）初听歌曲。感受歌曲的情绪。从歌曲的节奏型与一字一音的写作安排中，感受主人公海因切的自信与自豪的性格特点。

（3）复听歌曲。请随音乐哼唱，体会主人公海因切的自豪心情。边唱边用动作来表现。如手握空拳随音乐的节奏来挥动，以更好地体会音乐所表现出来的坚定与自信。唱到抒情段落时，把握拳的手张开，随乐句划动。

（4）尝试编创2～4小节的旋律短句来表现不同的情绪，模仿歌曲的节奏型来编创旋律，用不同的节奏来表现不同的情绪。

【评价标准】随歌曲有感情的哼唱，体会自豪之感。

### 检测与作业

请同学们在课下多合作表演，饱含感情去演唱和聆听歌曲。

### 学后反思

短短的一首主题曲，竟然把小鹿斑比在成长中的爱表达得淋漓尽致。音乐与电影是密不可分的，当它张开双臂与电影紧紧相拥，带给我们的那种感动，恰恰就是音乐的力量。希望以后在课堂上多欣赏和音乐有关的电影片段，再次深入体会音乐与电影相融合的美妙。

【设计意图】本课时设计重点以音乐为本，从音响出发，以听赏为主，以讲解、讨论为辅。培养学生对音乐的联想和想象，鼓励学生通过口头或书面形式进行表达。

# 第三节 初中音乐单元学历案样例

## 《音乐》人教版初中七年级上册第三单元学历案设计

### 一、课标要求

《义务教育艺术课程标准》（2022 年版）"总目标"要求学生通过义务教育艺术课程的学习，能够感知、发现、体验和欣赏艺术美、自然美、生活美、社会美，提升审美感知能力；丰富想象力，能运用媒介、技术和独特的艺术语言进行表达与交流；能够发展创新思维，积极参与创作、表演与展示、制作等艺术实践活动；能够感受和理解我国深厚的文化底蕴，传承和弘扬中华优秀传统文化，坚定文化自信；能够了解不同地区、民族和国家的历史与文化传统，学会尊重、理解和包容。七年级课程要求学生能够提高音乐欣赏和评述能力，增强乐观的态度，以及对美好事物的热爱之情；乐于参与多种与音乐相关的艺术表现活动，展现自己的个性化理解和创意。具体表现为：

（1）养成倾听音乐的良好习惯，初步掌握音乐欣赏的基本方法。

（2）感知、了解有代表性的世界民族民间音乐，以及优秀创作作品的体裁、形式、审美特征和风格类型，能做出判断和简单描述。

（3）能结合对音乐要素的分析，理解音乐表达的情感内涵。在生活中，能根据情感表达或与人交流的需要，选用合适的音乐。

（4）能主动参与不同形式的演唱活动，并根据自己对歌曲的理解，提出创意表现的想法，提高歌唱的表现力。

（5）能运用乐器演奏欣赏曲的音乐主题或所学歌曲的旋律，表现音乐的各种要素，运用乐器编创和表现具有完整结构的短小音乐作品，表达自己的想法和情感。

（6）能根据音乐的特点和变化，即兴编创与之相符的声势、律动或舞蹈动作，并参与表演。能运用多种形式，即兴或有计划地为朗诵、乐曲、舞蹈等配乐或伴奏。

（7）能阐释自己编创的作品，能按既定标准分析、评价他人的创作活动，并根据他人的评价和建议对作品进行修改、完善。

## 二、单元目标

（1）通过欣赏、演唱、演奏表现秋天的音乐作品，感受、体验大自然的美好，培养对音乐作品的情绪、格调、人文内涵的感受和理解。

（2）了解小提琴协奏曲体裁；听辨民乐合奏乐队中主奏乐器的音色；分辨乐曲结构。

（3）了解意大利作曲家维瓦尔第和我国音乐家黄自的简要生平及历史贡献。

（4）通过聆听合唱《西风的话》、竖笛小乐曲《丰收之歌》及《快乐小舞曲》，参与编创节奏谱等艺术实践活动，运用观察、比较和练习等方法，以音乐为主线进行模仿、探究、合作，提升音乐与相关学科的综合学习能力。

（5）掌握八三拍的含义、指挥图示及强弱规律，并会按指挥图示视唱主题旋律。

## 三、单元知识结构

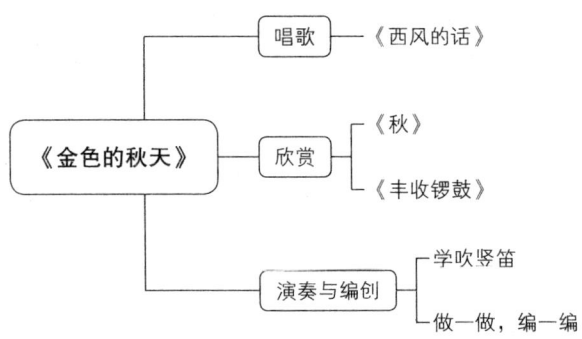

　　本单元围绕着"金色的秋天"这一主题，选择了《西风的话》《秋》《丰收锣鼓》等优秀作品，通过听赏活动，感受不同的艺术形式在表现"秋天"的异同。本单元由三个主题组成：一是学会演唱一首关于秋天的歌曲，二是欣赏不同形式乐曲表现的秋天，三是探究不同艺术形式的表现，演奏与创编。通过三个主题的划分和专题之间的联系，由浅入深，用不同的表现形式充分调动学习兴趣，激发探究和表现意识。本单元主要学习方式是通过开展唱歌、欣赏、演奏与编创等丰富的教学活动，集中体现文化艺术多元化的特点。感受、了解音乐如何描绘秋景及表现与之相关的人类社会生活。通过本课的学习，能全身心地沉浸在秋天的诗情画意，对艺术多元化有更深入的了解。

## 四、设计说明

　　本单元根据秋天的特点，通过综合性、人文性、审美性、实践性的主题教学内容，围绕《义务教育艺术课程标准》（2022 年版）中提出的欣赏、表现、创造、联系四个领域的基本要求来设计丰富多样的课堂教学活动，体验音乐带来的审美愉悦感，而且能够从音乐与相关文化以及艺术共性和个性特点的对比、参照中，了解其学科特征及相互关系。注重艺术与自然的关联，汲取丰富的审美教育元素，传递人与自然和谐共生的理念，促进学会身心健康全面发展。

## 课　例：

# 金色的秋天

## 第 1 课时　《西风的话》

### ♪ 学习目标

（1）通过学唱歌曲《西风的话》，会用连贯、优美的声音演唱抒情歌曲，表现秋天的美景。

（2）体会并表现歌曲表达的情感及创设的意境。感受和理解音乐作品情绪、格调和人文内涵。

（3）积极参与和体验音乐互动环节。

（4）懂得珍惜时间，热爱生活。

### ♪ 设计分析

| 目标序号 | 知识维度 | 认知水平维度 | | | | | |
|:---:|:---:|:---:|:---:|:---:|:---:|:---:|:---:|
| | | 记忆/回忆 | 理解 | 应用 | 分析 | 评价 | 创造 |
| 1 | 事实性知识 | √ | √ | | √ | | |
| 2 | 概念性知识 | √ | √ | √ | | √ | √ |
| 3 | 程序性知识 | | √ | √ | √ | √ | |
| 4 | 单元认知知识 | √ | √ | √ | √ | | √ |

### ♪ 评价任务

| 学习目标 | 评价任务（基于音乐表现） | 评价标准 |
|:---:|:---:|:---|
| 目标1 | 学会演唱《西风的话》。 | 学习用连贯、优美的声音演唱抒情歌曲，表现秋天的美景。 |

（续表）

| 学习目标 | 评价任务（基于音乐表现） | 评价标准 |
|---|---|---|
| 目标2 | 聆听音乐并随律动感受音乐。 | 用图片配合音乐欣赏，以音乐为主线进行综合艺术实践，通过讨论、探究、创造、合作等形式帮助学生理解音乐渲染气氛、描绘场景的作用，感受音乐的美。 |
| 目标3 | 能够根据提供的音乐素材，感受创编音乐。 | 能够通过合作创编等不同的形式来表现歌曲。 |

## 学习过程

### 一、感受美

弹奏钢琴曲《秋日私语》，用多媒体播放关于秋天的图片，欣赏秋日美景。

师：四季的变换，赶走了炎热的夏天，送来了凉爽的秋天。秋天，多了一分凉爽，多了一分快乐，多了一分丰收，多了一分喜悦。秋天，它比春天更具浓郁的色彩，层林尽染，老师带领大家一起走进金色的秋天，感受秋的静美，体验丰收的喜悦。

### 二、享受美

#### 1.节奏互动

（1）开启节拍器，选用四四拍，速度为60，进行声势动作互动。

（2）展开讨论，根据声势动作，创编不同形式的四四拍声势律动组合，填写任务单。

| 组别 | 第一组 | 第二组 |
|---|---|---|
| 节奏 | × × × × | × × <u>× ×</u>  <u>× ×</u> |
| 声势 | 手　腿　脚　指 | 桌手　脚脚　肩肩 |

以上声势动作，手为拍手，指为捻指，肩为拍肩，桌为轻拍桌面或六面体凳，脚为跺脚。

（3）展示任务单填写详情。

**2. 随乐而动**

（1）按自己设计的声势节奏，边听歌曲《西风的话》伴奏，边律动。

（2）与同学合作表演。

（3）对自己的表现和本组表现做出评价与建议。

教师带领学生进行单声部的节奏练习，建立恒拍的稳定感，并通过不同的声势动作来表现四四拍。学生在体验中感受，在参与中获知，为学唱歌曲做好铺垫。

**3. 聆听歌曲，感知情绪。**

（1）聆听歌曲，完成任务单。

| 歌曲名称 | 拍号 | 速度 | 情绪 |
|---|---|---|---|
| 《西风的话》 | 四四拍 | 中速稍慢 | 优美抒情地 |

（2）讨论交流。

（3）学习四四拍指挥图示及挥拍方式。

**4. 学唱歌曲**

（1）聆听歌曲范唱、随乐挥拍、轻声哼唱。

# 西 风 的 话

廖 辅 叔 词
黄    自 曲
教材组编配

1=G 4/4

_mp_

5 5  5 1 3 5 | 5 - 4 - | 3 3  3 2 1 7 | 6 - - 0 |

去 年 我  回  去，  你们 刚穿新棉袄。

_p_

6 6  6 7 1 2 | 2 - 5 - | 5 5  6 7 1 2 | 3 - - 0 |

今 年 我  来看你们，  你们 变胖又变高。

$$5\ 5\ \widehat{6\ 5\ 4\ 3}\ |\ 3\ -\ \dot6\ -\ |\ 4\ 4\ \underline{3\ 2\ 3\ 5}\ |\ 2\ -\ -\ 0\ |$$

你们 可　　 记　 得，　 池 里 荷花 变莲 蓬？

$$3\ 3\ \widehat{3\ 2\ 1\ 7}\ |\ \dot6\ -\ \dot6\ -\ |\ 2\ 2\ \underline{1\ \dot7\ \dot6}\ |\ 7\ -\ -\ 0\ |$$

渐慢

$$1\ 1\ \underline{1\ \dot7\ 6\ 5}\ |\ 5\ -\ 4\ -\ |\ \dot5\ \dot5\ \underline{5\ 4\ 3\ 2}\ |\ 1\ -\ -\ 0\ \|$$

花 少 不愁没 颜　 色，　 我 把 树叶 都染 红。

$$1\ 1\ \underline{1\ \dot7\ 6\ 5}\ |\ 3\ -\ 2\ -\ |\ \dot5\ \dot5\ \underline{5\ 2\ 1\ \dot7}\ |\ 1\ -\ -\ 0\ \|$$

（2）视唱歌曲曲谱。

① 了解如何用正确的姿势和发生方法歌唱。通过柯尔文手势直观准确地掌握音准，为学习二声部歌曲做铺垫。

② 跟随钢琴伴奏，视唱曲谱。

③ 交流视唱中遇到的难点。

④ 解决难点，完整视唱歌曲曲谱。

5. 分析歌曲结构

（1）分析歌曲结构及旋律走向与情绪表现的联系。

| 评价任务 | 评价标准 | 评价方式 | 学习成果 |
| --- | --- | --- | --- |
| 歌曲旋律特点，由几个乐句组成旋律线。 | 能够准确说出旋律特点。划分出四个乐句。 | 互评 | 1.是　2.否<br>1.是　2.否 |

（2）复听歌曲。

6. 完整演唱歌曲

（1）随钢琴伴奏，分乐句接龙演唱。

（2）随钢琴伴奏，完整演唱。

（3）全班分为两个声部进行合唱。

7. 展开互评并填写评价表。

| 评价标准 | 节拍稳定 | 音准准确 | 声情并茂 | 互相倾听 |
|---|---|---|---|---|
| 是否达到 | | | | |

### 三、创造美

（1）从任务单中选择两个节奏型为歌曲伴奏。

① 节奏：× × × × | × ×　 × ×　 × × |

② 用杯子敲击出以上两种节奏型。

③ 创意展示。

④ 选择两种创意为歌曲伴奏。

（2）唱奏结合，表现歌曲。跟随音乐，边唱边用杯子打节奏伴奏。

### 四、升华美

播放《星空》为背景音乐，跟随旋律律动。

同样是秋天，不同的人感受是不一样的，有的人会感受到落寞、孤寂；有的人会感受到成熟、淡薄；有的人会感受到丰收、喜悦。喜悦也好，落寞也罢，一年四季风景不同，同学们平时应以积极的心态去面对这变幻莫测的四季，去面对这丰富多彩的人生！

### 🎼 检测与作业

请同学们课后思考并回答：

（1）歌曲表达了怎样的音乐情绪。

（2）黄自的代表作品有哪些。

（3）找出歌曲中出现的力度变化。

（4）说一说旋律线的起伏与音乐情感发展变化之间的关系。

课后多收集民族管弦乐演奏的关于秋天的乐曲，下节课与同学们分享。

### 🎼 学后反思

请同学们梳理本节课知识体系，思考一下自己是通过什么方法和策略学会本课内容的；有哪些内容比较薄弱，需要老师提供何种帮助；自己有什么好的经验可以和同学们分享。

---

**课　例：**

## 第 2 课时　《秋》《丰收锣鼓》

### 🎼 学习目标

（1）聆听乐曲，感受乐曲的民间色彩和生活气息，体会丰收时节生机勃勃的景象与喜悦心情，在音乐作品中感受秋天的美景。

（2）初步了解协奏曲及民族管弦乐队以及民族乐器的常识。

（3）通过分析乐曲的情绪、节奏、速度、旋律、力度等音乐要素，感受音乐所表达的丰收的场景。

（4）通过参与探究与即兴创造活动，了解音乐表现形式的多样性，初步体验民族乐器的表现力，培养打击乐合奏与节奏创编的能力。

### 🎼 设计分析

| 目标序号 | 知识维度 | 认知水平维度 | | | | | |
|:---:|:---:|:---:|:---:|:---:|:---:|:---:|:---:|
| | | 记忆/回忆 | 理解 | 应用 | 分析 | 评价 | 创造 |
| 1 | 事实性知识 | √ | √ | √ | √ | | |
| 2 | 概念性知识 | √ | √ | √ | | √ | √ |
| 3 | 程序性知识 | | √ | √ | √ | | |
| 4 | 单元认知知识 | √ | √ | | | | √ |

## ⁹⠆ 评价任务

| 学习目标 | 评价任务（基于音乐表现） | 评价标准 |
|---|---|---|
| 目标 1 | 聆听乐乐合奏《丰收锣鼓》。 | 有感情地哼唱主题片段《丰收锣鼓》，并了解管弦乐。 |
| 目标 2 | 聆听音乐并随律动感受音乐。 | 感受《丰收锣鼓》所表达的丰收时节生机勃勃的景象，以及人们欢庆丰收的喜悦之情，懂得珍惜劳动果实，热爱生活，逐步喜爱民族音乐。 |
| 目标 3 | 能够根据提供的音乐素材，感受创编音乐。 | 小组合作进行创编。 |

## ⁹⠆ 学习过程

### 一、感受美

播放小提琴协奏曲《庆丰收》音响，用多媒体播放关于秋天的图片，欣赏秋日美景。

### 二、享受美

欣赏协奏曲《四季·秋》，感受音乐作品风格。

（1）初听全曲，思考一下作品的题材是什么。

（2）简述维瓦尔第的生平和作品，介绍《四季·秋》三个乐章。

① 乡民们载歌载舞，欢庆着丰收，他们畅饮美酒，纵情地欢乐。

#### 第一乐章

快板　1＝F 4/4

3 3　3 4 3　3 4 | 3 3 3 4 3　3 4 | 3 2 3 4 3 2 0 |

3 3　3 5 6　6 6 | 2 2 2 4 5　5 5 | 3 3　3 4 3 4 | 3 3　3 4 3 4 |

3 2 3 4 2 3 0 | 3 3 3 4 3 3 3 4 | 3 3 3 4 3 3 3 4 | 3 2 3 4 2 1 0 |

② 秋高气爽，大地充满无限的欢乐，可是欢乐的人们却突然停止了舞蹈和歌曲。（曲谱略）

③ 晨曦初露，猎人们披挂起号角和猎枪，手牵着猎狗走出家门。

### 第三乐章

快板　1＝F　3/8

| 1. 5 1 1 | 1. 5 1 1 | 1. 5 4 3 | 2 1　2 |

| 1. 5 1 1 | 1. 5 1 1 | 1 3 4 2 | 1. |

（3）分段播放乐曲片段，同学们认真、仔细聆听，完成任务单。

| 乐曲名称 | 乐章 | 乐章特点 | 乐曲表达 |
|---|---|---|---|
| 《四季·秋》 | 第一乐章 | 主题旋律的节奏平稳，音高进行以同音反复为主。 | 主旋律由乐队齐奏，表现了农民载歌载舞，欢庆丰收的繁荣景象。 |
| | 第二乐章 | 由小提琴奏出缓慢、静谧的旋律。 | 表现了秋日夜晚，人们美好而甜蜜地进入梦乡。 |
| | 第三乐章 | 旋律中带有符点节奏，活泼而富有生气。 | 表现了猎人打猎的场景。 |

① 认真聆听三个乐章片段，听辨演奏乐器的各类以及旋律所表达的情感，同学们交流听后感受，填写任务单。

② 以小组为单位，说一说自己对乐曲的理解。

（4）介绍协奏曲。协奏曲指一种由独奏乐器与管弦乐队协同演奏的大型器乐作品。它的特点是独奏（乐器演奏）具有鲜明的个性和高度的技巧性。协奏曲一般分为三个乐章。

（5）复听全曲。了解作品的演奏形式，并根据自己的理解回答教师提问。

【评价标准】初步了解什么是协奏曲，了解作品的演奏形式，在音乐作品中感受秋天的美景。

### 三、享受美

欣赏乐曲《丰收锣鼓》，感受音乐作品风格。

谱例一

1=G 2/4

3̣ 5 6̇ | 5̇6̇5̇3̇ 2 | 3̣ 5 6̇ | 5̇6̇5̇3̇ 2 |

6̣ 1̇ 2̇ | 1̇2̇1̇6̇ 5 | 6̣ 1̇ 2̇ | 1̇2̇1̇6̇ 5 |

谱例二

1=G 2/4

5 5 6̲1̇ | 5 5 6 | 1̇ 1̇ 6̲1̇2̲3̇ | 5 - |

1̇ 5 1̇ | 6̲5̲3̲2 | 3̇·5̲ 6̣1 | 2 - |

谱例三

1=D 2/4

3̣ - | 5̇ - | 3̣ 1̲̇3̣ | 2̇ - |

1̇· 7̲ | 6̲1̲5 | 2̇ - | 2̇ - |

谱例四

1=C 2/4

6̣·3̲ 3 3 | 5̲3̲2̲1 3 | 6̣·3̲ 3 3 | 5̲3̲2̲1 6̣ |

谱例五

1=C 2/4

6̣·1̲ 3 1 | 6̣ - | 3̇·5̲ 6̲5 | 3 - |

3̣·5̲ 6̲1 | 6 5̲3 | 2̇·3̲ 5̲3 | 2 - |

（1）初听全曲，感受乐曲表达了一种怎样的主题。乐曲用热烈欢快的旋律展示了一幅开镰收割、你追我赶的劳动场面，描绘了金秋田野的美景，抒发了劳动者喜获丰收的欢乐心情。分乐段欣赏《丰收锣鼓》。

（2）介绍中国民族管弦乐队及相关民族乐器。

教师带领学生了解认识民族管弦乐队中中国民族乐器，说一说每种乐器在演奏中都担任着怎样的角色，尝试分辨这几种乐器的声音。

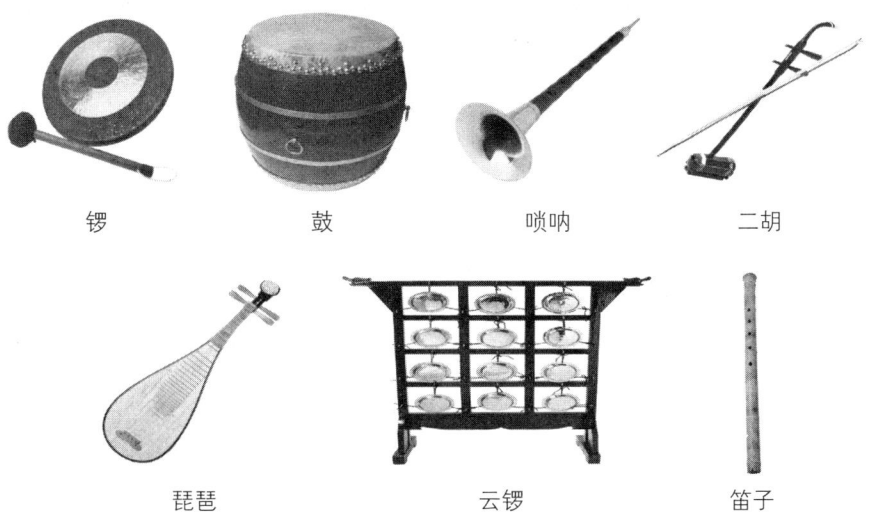

| 锣 | 鼓 | 唢呐 | 二胡 |

| 琵琶 | 云锣 | 笛子 |

（3）分段播放乐曲，请认真、仔细地聆听，听辨乐章所表达的情感及描述的画面，同学们交流听后感，填写任务单。

| 乐曲名称 | 乐章 | 乐章特点 | 乐曲表达 |
|---|---|---|---|
| 《丰收锣鼓》 | 第一乐章 | 节奏明快，速度较快，情绪更为高涨，尤其是最后的锣鼓部分，将乐曲推向高潮。 | 展现了一幅热烈欢腾、你追我赶的劳动场面。 |
| | 第二乐章 | 起始处以吹管乐器奏出富有号召性的音调，继而转入由弦乐组和笛子演奏的歌唱性的旋律，表现了人们内心的喜悦。 | 表现秋天夜晚人们美好而甜蜜地进入梦乡。 |
| | 第三乐章 | 再现了第一部分的旋律之后，笛子以明亮的音色，散板的旋律，营造出富有民族风格的乐曲氛围，云锣的柔和音色和琶音旋律，犹如阳光下水库的碧波粼粼。 | 抒情性的旋律与前后两段形成鲜明的对比，抒发了劳动者欢快的心情。 |
| | 第四乐章 | 一开始，乐曲用潮州大锣鼓的打击乐奏出气势磅礴的音响。在变化再现了第一部分的旋律后，打击乐又运用锣鼓表现紧张、急促、激烈的场面，构成第三段的锣鼓。乐曲在快速、强的全奏中结束。 | 表现了欢庆丰收的热烈场面。 |

（4）听一听并思考：

① 乐曲中以锣鼓为主的旋律营造了怎样的音乐情绪和氛围。（热烈欢腾的情绪和氛围）

② 在悠扬的笛声后，有一段云锣奏出的柔美旋律，这一部分音乐带给你什么感受。（仿佛是水面上的波光粼粼）

（5）以小组为单位，合作探究：

① 这首乐曲主要描述了什么主题。（农民丰收的喜悦心情）

② 农民是怎样劳动的。（面朝黄土背朝天）

③ 粮食长成经历哪些过程。（播种，浇水，施肥，除虫……）

【评价标准】聆听乐曲，感受乐曲的民间色彩和生活气息，及丰收时节生机勃勃的景象与喜悦心情，在音乐作品中感受秋天的美景。初步了解协奏曲、民族管弦乐队以及民族乐器的常识。通过分析乐曲的情绪、节奏、速度、旋律、力度等音乐要素，感受音乐表达的秋天丰收的气氛。

## 四、升华美

师：欣赏了与秋有关的音乐作品，感受到农民丰收的喜悦，同时我们也进一步了解粮食来自于农民的辛苦劳作。所以，老师在此提倡，尊重农民的劳动，爱惜粮食，从我做起。

### 🎼 检测与作业

课后多收集民族管弦乐演奏的关于秋天的乐曲，下节课与同学们分享。

### 🎼 学后反思

（1）课程主要为聆听民族管弦乐合奏《丰收锣鼓》，感受音乐表达的秋天丰收的气氛。

（2）请同学们梳理本节课知识体系，思考一下自己是通过什么方法和策略学会本课内容的；有哪些内容比较薄弱，需要老师提供何种帮助；自己有什么好的经验可以和同学们分享。

**课　例：**

第 3 课时　《丰收之歌》

## 学习目标

（1）通过鉴赏丹麦民歌，感受丹麦民歌的风格特点，养成健康向上的音乐欣赏能力和审美情趣。

（2）欣赏演唱、演奏丹麦民歌，理解音乐文化的多样性，培养热爱民族音乐的思想情感。

（3）本课采用对比式教学法、体验式教学法，通过聆听鉴赏音乐，设计创编旋律，参与律动等方式引导学生感受音乐情绪，挖掘音乐要素。

（4）灵活运用创编旋律。

（5）熟练演奏八孔竖笛，感受竖笛的魅力。

## 评价任务

（1）掌握竖笛吹奏的基本方法与技巧，熟练吹奏《丰收之歌》旋律音。

（2）欣赏、演唱、演奏丹麦民歌，理解音乐文化的多样性，培养热爱民族音乐的思想情感。

（3）能够根据所学音乐素材，小组合作进行创编。

## 设计分析

| 目标序号 | 知识维度 | 认知水平维度 | | | | | |
|---|---|---|---|---|---|---|---|
| | | 记忆/回忆 | 理解 | 应用 | 分析 | 评价 | 创造 |
| 1 | 事实性知识 | √ | √ | √ | √ | √ | √ |
| 2 | 概念性知识 | √ | √ | | | √ | √ |
| 3 | 程序性知识 | | | √ | √ | | |
| 4 | 单元认知知识 | √ | √ | √ | √ | | √ |

## ♪ 评价任务

| 学习目标 | 评价任务（基于音乐表现） | 评价标准 |
|---|---|---|
| 目标1 | 用竖笛吹奏《丰收之歌》。 | 掌握正确的演奏指法、口型、气息控制要领，较为准确地吹奏《丰收之歌》。 |
| 目标2 | 聆听音乐并随律动感受音乐。 | 感受乐曲所描述的丰收时节生机勃勃的景象，懂得珍惜劳动果实，热爱生活，逐步喜爱民族音乐。 |
| 目标3 | 能够根据提供的音乐素材，感受创编音乐。 | 小组合作进行创编。 |

## ♪ 学习过程

### 一、感受音乐美

教师播放《在希望的田野上》，学生随音乐律动，感受丰收的情景和音乐的旋律美。

这是一首富有乡土气息的中国民歌，展现出一幅辛劳的农民伯伯喜获丰收，看着一片片金黄的稻田，享受着丰收的喜悦的美好画面。

【评价标准】课程通过律动和背景音乐导入，直观形象，熟悉的旋律激起学生学习的欲望，为后面的学习做好铺垫，设计科学合理，符合学生的认知规律。

### 二、享受音乐美

#### 1. 聆听歌曲，感知情绪

分小组讨论交流，完成任务单。

| 歌曲名称 | 拍号 | 速度 | 情绪 |
|---|---|---|---|
| 《丰收之歌》 | 四二拍 | 中速 | 欢悦地 |

#### 2. 唱奏歌曲

（1）唱曲谱，感受歌曲优美的旋律和浓浓的丹麦民歌韵味。

① 随音乐学唱第一段曲谱。

② 学生跟随钢琴伴奏生演唱。

③ 教师示范演唱，学生跟唱。

（2）教师示范竖笛乐曲《丰收之歌》，学生了解竖笛。

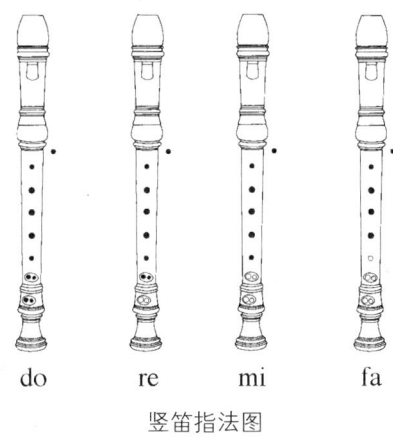

do　　re　　mi　　fa

竖笛指法图

## 丰 收 之 歌

1=C $\frac{2}{4}$　　　　　　　　　　　　　　　　　　　　　丹麦民歌

i　　　5　　3　｜ 1　　3　5　｜ 1　　3　5　｜ i　　i　｜

4　6　6　6　｜ 3　5　5　5　｜ 2　4　3　2　｜ 1　　0　‖

【评价标准】首先通过聆听歌曲，感受歌曲的情绪速度等特点；然后学习演唱歌曲曲谱，通过演唱、演奏辅以柯达伊手势等，由易到难全方位体会丹麦民歌风格。

　　3.**分析歌曲结构**

聆听歌曲划分乐句，找出旋律发展的规律。

　　4.**完整演唱、演奏乐曲**

（1）将学生分为两组进行接龙（女生演唱，男生吹奏）。

（2）再分两组进行接龙比赛（学生 A 组：演奏第一句。学生 B 组：演奏第二句）。

（3）展开互评并填写评价表。

| 评价标准 | 节拍稳定 | 音准准确 | 声情并茂 | 互相倾听 |
| --- | --- | --- | --- | --- |
| 是否达到 | | | | |

### 三、创造音乐美

#### 1. 创编测评

（1）用鼓、小锣、小擦等打击乐器为乐曲伴奏。

（2）创编4小节节奏谱并表演，表现出丰收的热闹场景。

#### 2. 唱奏结合，表现旋律

同桌之间相互讨论，共同合作，勇跃展示作品。优秀的作品由学生板书到黑板上，教师带领学生弹琴唱谱，师生共同点评。

【评价标准】本环节先引导学生划分乐句，观察分析，通过音乐游戏"演奏接龙"，让学生在实践中巩固对竖笛《丰收之歌》的学习。合作创编环节培养学生的合作探究、自主创新能力。展示作品和点评环节鼓励学生自主点评，并在评价中收获成功的体验。

### 四、升华音乐美

师：秋天是丰收的季节，劳动是人类生存的基本条件。只有通过农民辛勤的汗水才能换来可喜的丰收。让我们在音乐中体验劳动的快乐、享受丰收的喜悦、尊重农民的劳动，永远热爱生活、热爱大自然。（随着《丰收之歌》的旋律同学们边唱边离开教室）

### ♪ 作业设计

用各种方式收集表现秋天丰收的作品，下节课和同学们分享交流。

### ♪ 学后反思

#### 一、知识梳理

（1）灵活运用创编旋律并较为熟练地演唱曲谱。

（2）熟练演奏竖笛，感受竖笛的魅力。

（3）感受丹麦民歌的风格特点，培养对音乐的欣赏能力，养成健康向上的审美情趣。欣赏、演唱、演奏民歌，培养热爱民族音乐的思想情感。

## 二、问题反思

教师在教学过程中，应注意合理设计聆听、演唱、演奏学习环节的课时，符合课标要求；注重学生主体作用与教师主导作用的有机结合。合作创编环节注重培养学生的创新能力与团结合作能力。分组比赛"演奏接龙"的活动设计既要抓住重点巩固练习，又要让学生在比赛中树立集体荣誉感。学生的活动状态、参与状态、思维状态程度越高，课堂教学的效果就越好。

在今后的教学中，建议加入丹麦文化的相关知识，组织更多的音乐活动，引导学生在各种情境下体验音乐、理解音乐，活跃音乐思维。

# 第四节　高中音乐单元学历案样例

# 第一单元　《学会聆听》

## 一、课标要求

（1）知道音乐情感与音乐情绪的相关概念。
（2）能感受到音乐作品能影响人的情感变化。

## 二、单元目标

聆听《祝酒歌》《立志》《母亲教我的歌》，感受作品所要表达的音乐情感与音乐情绪。

## 三、设计说明

《祝酒歌》是由韩伟作词，施光南作曲的一首主旋律歌曲。作品问世以来，深受广大人民群众的喜爱。此曲旋律欢快、热情，为带再现的复二部曲式结构。

《立志》是作曲家赵季平在电视连续剧《乔家大院》配乐的基础上

创作完成的交响组曲的第二乐章。故事描述了清代山西商人乔致庸坎坷的人生经历，展示了一代晋商"节俭勤奋，明礼诚信，精于管理，勇于开拓"的精神。乐曲采用八六拍，音乐速度较快，弦乐干练有力，加入了小堂鼓等打击乐，起到了很强的推动力，勾勒出主人公积极向上的心路历程。

《母亲教我的歌》是捷克作曲家德沃夏克于1880年创作的歌曲。歌曲旋律朴实无华，亲切动人，在简练的音乐语言中充满了怀念的愁思，令音乐感人肺腑。

## 课　例：

# 第1课　音乐要素及音乐语言

### 🎵 学习目标

（1）了解音乐要素及音乐语言的相关概念。

（2）了解音乐作品中音乐要素的形式及其作用。

（3）能对比聆听出在不同的音乐作品中音乐要素所发挥的作用。

（4）聆听《一杯美酒》《轻骑兵序曲》，说出作品中的音乐要素及语言特点。鼓励学生积极参与互动环节，感受歌曲的魅力。

### 🎵 学习过程

课件展示孔子名言："兴于诗，立于礼，成于乐。"引导学生了解音乐的重要作用。

#### 一、学习音乐知识

##### 1. 什么是音乐

师：同学们在生活中可以听到各式各样的音乐，也离不开音乐，那么请同学们说一说音乐是什么。

学生讨论后，教师播放PPT归纳总结。

（1）概念：音乐是声音的艺术。声音具有高低、长短、强弱和音色的物理属性。

（2）音乐要素：节奏、节拍、力度、速度、旋律、调式、音阶、和声、曲式、织体、音色等。

（3）音乐语言：凭借音乐的形式要素来表现人类情感的艺术手段。

**2. 音乐要素有哪些**

（1）速度：音乐进行中节拍的快慢程度。

（2）旋律：也称作曲调，高低起伏的乐音按一定的节奏有秩序地横向组织起来就形成了旋律。

（3）调式：构成乐曲的若干个音按一定的关系连接起来，这些音以一个音（主音）为中心构成一个体系，如大调式、小调式、五声调式等。

（4）音阶：调式中的各音，从主音开始自低到高或自高到低排列起来即构成音阶。

（5）和声：两个以上不同的音按一定的法则同时发声而构成的音响组合。

（6）曲式：音乐材料的排列形式，也就是音乐作品的结构布局；织体多声音乐作品中各声部的组合形态（包括纵向结合及横向结合关系）。

（7）音色：音色有人声音色和乐器音色之分。在人声音色中又可分为童声、女声、男声等，乐器的音色更是多种多样。在音乐中，有时使用单一音色，有时使用混合音色。

## 二、作品鉴赏

**1.《一杯美酒》赏析**

（1）教师介绍《一杯美酒》。

这首歌曲节奏鲜明，旋律欢快，具有典型的维吾尔族音乐风格特点。歌曲以美酒比喻爱情，热情奔放的旋律，浓郁的民族风情表达了人们对美好生活的追求与向往。

（2）师生共同聆听歌曲《一杯美酒》思考并讨论以下几个问题：

①作品分为几部分。

歌曲分为两部分，第一部分是单二部曲式，第二部分为扩充结构的单乐段。

②作品主题是什么。

作品主题上以美酒比喻爱情，通过雄鹰和高山暗喻爱人与自己。

③作品的节奏特点、语言特点是什么。

音乐中切分的节奏贯穿全曲，体现出鲜明的新疆维吾尔族音乐风格。旋律特点活泼、愉悦，语言特点简明、生动。

2.《轻骑兵序曲》赏析

（1）教师介绍《轻骑兵序曲》。

（2）师生共同聆听歌曲《轻骑兵序曲》。

（3）师生共同对歌曲《轻骑兵序曲》进行分析。

（4）思考讨论回答问题：

①歌曲描述的是什么样的画面。

描绘了轻骑兵的那种雄壮的气势以及抗争精神。

②歌曲分为几部分。

歌曲共分为三部分。

### 三、拓展与探究

（1）聆听第一节中的几首作品，体验音乐带给你的感受。分别说一说两首作品中哪些音乐要素给你留下了深刻的印象。

（2）随音响哼唱《一杯美酒》的旋律。

（3）哼唱《轻骑兵序曲》的 C 主题，敲击出乐曲的典型节奏。

### ♪ 检测与作业

拓展欣赏《流浪者之歌》，聆听不同版本的《流浪者之歌》，说一说音乐不同的处理方式。

### ♪ 学后反思

通过以上对三首作品的赏析，说一说作品分别用什么样的音乐要素，表达了怎样的思想感情。

课　例：

# 第 2 课　音乐情感与情绪

## 学习目标

（1）了解音乐情感与音乐情绪的相关概念。

（2）能感受到音乐作品能影响人的情感变化。

（3）能聆听出音乐作品所要表达的音乐情感。

（4）聆听歌曲《祝酒歌》《立志》《母亲教我的歌》，感受作品的音乐情感与情绪。

## 学习过程

### 一、导入

课件展示指挥家卞祖善总结的人生三部曲——《摇篮曲》《婚礼进行曲》《葬礼进行曲》。

《摇篮曲》表达了母亲对孩童的无限关爱，也让我们沉浸在对童年的回忆中；《婚礼进行曲》仿佛让我们看见一对新人手牵手步入人生旅途中的新起点，怀着亲朋好友对他们的美好祝愿；《葬礼进行曲》寄托了我们的哀思，庄严肃穆、悲痛深沉的乐曲让我们回忆和缅怀逝者的一生……

师：音乐能影响人的情绪，也能反映人的情感。今天我们来学习新的一课——音乐情感与情绪。

### 二、学习音乐知识

#### 1. 音乐情绪

同学们从小到大听过许多歌，有欢快的，有缓慢的，说一说它们对你们产生的情绪影响一样吗？音乐情绪指的是什么。

小组讨论后，教师播放 PPT 归纳总结。

音乐作品对人的情绪影响，通常可用一些表情术语来形容，如欢快地、抒情地、激昂向上地、柔和地、忧伤地、庄重地等。音乐情绪有时候也会与力度、速度等结合使用，如轻柔地、舒缓地等。

## 2. 音乐情感

音乐情感较之情绪更为深刻与宽泛。音乐是情感艺术，情感体验是音乐审美的重要内涵。在音乐体验中，情感与作品表达的思想境界产生共鸣，激励精神、温润心灵，进而培养对人类、自然，以及一切美好事物的关爱之情，树立积极乐观的人生态度。

## 3. 音乐功能

音乐是社会行为的一种形式，通过音乐欣赏可以了解与之相关的政治、文化、历史、民俗等多方面知识。更重要的是，可以借助音乐欣赏活动逐步建立起高雅、健康、积极向上的音乐情感，增进对音乐的判断力和理解力，陶冶情操，提高审美情趣，树立崇高的理想。

## 三、作品鉴赏

### 1.《祝酒歌》赏析

（1）边听边了解歌曲《祝酒歌》及其曲作者。

《祝酒歌》由韩伟填词，施光南谱曲，创作于 1977 年。作品问世以来，深受广大人民群众的喜爱。此曲旋律欢快、热情，为带再现的复二部曲式结构。

（2）师生共同聆听歌曲《一杯美酒》，思考并讨论以下几个问题：

① 歌曲的节奏有什么特点。

旋律欢快，节奏活泼跌宕，速度较快。

② 歌曲表现什么样的音乐情绪。

举国上下一片欢腾，人们沉浸在喜悦之中。

### 2.《立志》赏析

（1）歌曲《立志》作者简介。

赵季平，1945 年 8 月生于甘肃省平凉市，作曲家。先后在陕西省戏曲研究院、陕西省歌舞剧院、西安音乐学院工作，曾任中国音乐家协会主席、西安音乐学院院长。创作了大量影视音乐、交响乐，代表作有民族交响音乐《第二交响乐——和平颂》，交响组曲《乔家大院》《第一交响曲》《第一小提琴协奏曲》，影视歌曲《好汉歌》《大宅门》，以及大量的室内乐作品等。

（2）师生共同欣赏歌曲《立志》。

### 3.《母亲教我的歌》赏析

（1）教师介绍歌曲《母亲教我的歌》。

歌曲由捷克作曲家德沃夏克于1880年创作完成。歌曲的旋律朴实无华，歌曲意境既有甜蜜的回味又仿佛诉说着心酸的情感。

（2）师生共同聆听歌曲《母亲教我的歌》，思考歌曲表现了怎样的音乐情感。

旋律具有淡淡的伤感，曲调朴实无华，亲切动人，在简练的音乐语言中充满了怀念的愁思，令音乐感人肺腑。

### 4.《流浪者之歌》赏析

（1）教师介绍歌曲《流浪者之歌》。

（2）师生共同欣赏歌曲《流浪者之歌》。

## 检测与作业

聆听不同版本的《流浪者之歌》，说一说不同作者对音乐的不同处理方式带给自己怎样的感受。同学们自行选择一个版本，用肢体语言进行展现。

## 学后反思

请同学们课后讨论音乐作品是否能影响人的情感变化，自己能否聆听出音乐作品所要表达的情感。在梳理本节课的知识体系之后，说一说自己是通过什么方法和策略学会本课内容的，还有什么地方比较薄弱，需要老师提供怎样的帮助。最后请和同学们分享好的经验。

# 第四章
# 新课程标准视域下的备课与教案撰写

教师备课是指教师在开展教学工作之前，进行教学内容和教学计划的准备工作。备课对于教师来说是一种系统性的工作，需要花费一定的时间和精力。通过认真备课，教师可以更好地掌握教学内容，更好地组织教学活动，培养学生的学习能力和综合素质，提升教学效果，提高教学质量。

## 第一节　备课与教案撰写的主要内容、方法和基本要求

音乐教师的备课和教案撰写是教学工作的重要环节，它涉及教学内容、教学目标、教学方法等多个方面。

### 一、备课和教案撰写的一般内容

（1）确定教学目标。根据学生的学习水平和需要，明确教学目标，例如音乐技能、音乐理论、音乐欣赏等方面的目标。

（2）分析教材和制订教学内容。仔细阅读教材，了解其结构和内容。根据教材内容，确定要教授的知识点和技能。根据学生学习水平和需要，选择适当的教材内容。

（3）设计教学活动和教学方法。根据教学目标和教学内容，设计适合的教学活动和教学方法，例如听力训练、演奏练习、合唱练习等。考虑学生的实际情况和兴趣，选择多样化的教学方法，通过互动、合作等方式激发学生的学习兴趣。

（4）制订教学步骤和时间安排。根据教学内容和教学活动，制订详细的教学步骤和时间安排，确保教学进程合理有序。

（5）准备教学材料和资源。根据教学内容和教学活动，准备好教学所需的教材、乐器、PPT、录音等教学资源。

（6）教学评价和反思。设计适当的教学评价方式，例如测试、作业、演奏表演等，评估学生的学习情况。在教学完成后，及时反思教学过程和效果，总结经验，为下一次备课和教案撰写做准备。

以上是备课和教案撰写的一般内容，具体的备课和教案撰写还需根据教学实际情况进行调整和完善。

## 二、备课和教案撰写的主要方法、步骤

（1）熟悉课程标准和教材。教师首先要仔细研读课程标准和教材内容，清楚掌握教学目标、内容和要求。

（2）设计教学计划。根据课程标准要求和教材内容，教师需要制订详细的教学计划，包括每节课的教学目标、教学内容、教学方法、教学时长等，以确保课程的连贯性和教学效果的提高。

（3）精选教学资源。教师根据教学内容和教学目标，选择适合的教学资源，如教学用书、辅助教材、多媒体资源等，以丰富教学内容，激发学生的学习兴趣。

（4）准备教学材料。根据学期课程纲要和教学资源，教师需要制作教案、课件、练习题等教学材料，以便在课堂上有条理地进行教学。

（5）制订评价方案。教师要根据教学目标，设计合适的评价方式和评价标准，以便对学生的学习情况进行评价和反馈。

### 三、备课和教案撰写的基本要求

根据新的音乐课程标准，音乐教师在备课和教案撰写过程中，应该遵循以下几个方面的要求：

（1）理解标准。熟悉并理解音乐课程标准的要求和目标，明确学生在音乐方面的学习目标和能力要求。

（2）分析课程结构。对于每个学习单元或主题，进行详细的分析和规划，确定教学的内容、学习活动、评价方式等。

（3）设计学习活动。根据学生的年级、兴趣爱好和学习能力，设计丰富多样的学习活动，包括听、说、唱、演奏、创作等多种形式，培养学生的音乐欣赏、表演和创造能力。

（4）教材选择。根据教学目标和学生情况，选择适合的教材和资源，包括教科书、参考书、音乐作品、多媒体资料等。

（5）教学评价。确定评价标准和方法，通过观察、记录、作品展示等方式对学生进行评价，及时反馈和指导学生的学习进展。

（6）教学时序安排。合理安排教学时序，将学习内容划分成适当的单元，在一学期内平衡各个单元的学习进度。

（7）体现音乐课程的学科特点，凸显美育目标。以音乐实践活动引领教学内容，培养学生的核心素养，凸显音乐课程的美育目标，强调音乐课程的审美性、人文性和实践性，发挥学生的主体能动作用，准确把握教学目标，以多样的教学方式、多种的教学模式，培养学生多方面的能力。

在备课和教案撰写过程中，音乐教师还应根据学校和学生的实际情况，灵活调整和创新教学策略，提高音乐教育的质量和效果。同时，与其他教师进行交流和合作，共同分享经验和教学资源，提升自己的教学水平。

# 第二节　小学音乐学科教案的撰写样例

## 课题《种太阳》教案

### 教学年级

四年级。

### 教材分析

这是一首曲调欢快，富有童趣，深受孩子们喜爱的儿童歌曲。歌曲通过欢快跳跃的旋律和富有幻想的歌词，表达了少年儿童创造理想未来的天真美好的愿望。旋律为四四拍，大调式，歌曲为单二部曲式结构。第一部分由四个乐句组成，曲中弱起小节及五度、六度的跳进，使曲调活泼跳跃，把孩子天真的神情和充满幻想的欢乐情绪刻画得十分形象生动。第二部分是歌曲的副歌，由三个乐句构成。第一乐句节奏紧凑，附点八分音符及十六分休止符的运用配以衬词"啦啦啦"使曲调更加欢快活泼，表现了种太阳时的愉快心情。紧接着两个乐句节奏宽松，舒展优美的旋律与前句形成了明显的对比。表达了少年儿童要使世界变得更加温暖、明亮的美好愿望。

### 学情分析

四年级学生已经系统地掌握了一些最基本的音乐基础知识，例如，他们已经基本认识了音的高低、长短、强弱，学习了很多内容健康、优美、动听的儿童歌曲，感受了音乐的美，具备了一定的编创能力，但还需要进一步系统地学习，来获得更多的音乐知识，加深对音乐的了解。

### 教学目标

（1）学习用纯净、富有弹性的声音演唱歌曲《种太阳》，表达少年儿童创造理想未来的天真美好的愿望。（审美感知、艺术表现、文化理解）

（2）学生大胆想象，进行多种音乐创编活动，促进学生音乐表现力的提高。（艺术表现、创意实践）

（3）能以比较准确的音高、节奏，自信地演唱歌曲。（审美感知、艺术表现）

## 教学重点

引导学生用明亮、欢快的声音有感情地演唱歌曲。

## 教学难点

弱拍起唱时，弱音要清晰，歌曲中抒情部分和活泼部分的表现要准确，唱好带附点、十六分休止符和切分音的乐句。

## 教学方法

情境创设法、问答法、听唱法、合作探究法等。

## 教学用具

钢琴、多媒体课件。

## 教学过程

### 一、组织教学，调动情绪

（1）听音乐做律动，学生有秩序地进入课堂。

（2）师生互相问好。

【设计思路】这一环节主要是想调动一下孩子的学习热情，为下一步学习歌曲做好了铺垫。

### 二、创设情境，启发导入

师：同学们，我们每个人心中都有一个理想，谁能来说一说。

生1：我想当地质学家。

生2：我想当宇航员。

师：这节音乐课，老师想带你们去一个叫"梦想庄园"的地方，那里可以播种自己心中的愿望并让它实现，你们想不想去呢？

生：想！

师：好，那我们现在就向梦想庄园出发吧！

（师播放音乐，生与老师齐做律动，象征着在去梦想庄园的路上）放音乐

### 三、闯关激趣，攻克难点

师：同学们，我们已经来到了梦想庄园，庄园的四扇大门分别代表了我们四个小组：一组代表真心门，二组代表善心门，三组代表美心门，四组代表爱心门。大家要闯关得到四张入场券才能进入庄园。同学们，你们有信心闯关吗？

生：有。

师：请同学们跟我一起喊口号加油："梦想大冲关，你行我也行！"

#### 1. 在真心门打节奏

师：真心门上贴着两条节奏，谁能打出这两条节奏就可以获得第一张入场券。请你把这条附点节奏打出来。（出示本课难点——附点八分音符及十六分休止符）

4/4　x．x　　x 0x　　x．x　x｜x．x　　x 0x　　x．x　　x 0x｜

　　　x．x　x x　　x．x　x x｜x　x．x　　x　0‖

师：我们一起来做回声游戏吧，我拍的声音大，你们拍的声音要小。（用拍手的方法拍节奏）

师：请大家仔细看，拍法有变化了。（老师拍桌子打节奏，讲解附点八分音符的节奏）

生：在手心拍节奏模仿回声。

师：换过来，我做你们的回声，哪位同学会用其他方式拍出节奏来呢？

生：拍肩膀、拍腿、跺脚……

（老师和其他同学跟着一起做）

师：你们的模仿能力真强，回声节奏这么轻松就通过了。快去看看第二条节奏吧！

4/4　× × | × × × × × | × × × × × ‖

师：请你们自己拍一拍。

（学生自由拍节奏）

师：你能接拍上括号里的节奏吗？

4/4　× × | × （　）（　）（　）| × × × × × ‖

师：我们一起来做接龙游戏吧，我拍第一、三小结，你们接拍第二小结。（用拍手的方法拍节奏）

师：我们来交换一下。

师：同学们节奏打得太好了，顺利地拿到了第一张入场券。

【设计意图】充分发挥学生的主体作用，让他们自己填写节奏并请其他同学念或拍打。这样做既有趣又好玩，还能对节奏有提高。

2. 在善心门念歌词

师：现在我们来到了善心门，看看里面写的是什么。（课件出示歌曲的歌词）让我们一起有节奏地念一念吧！

（学生跟老师一起念歌词，教师可一边打响板，一边指导孩子有节奏地读歌词）

师：恭喜你们又获得了第二张入场券。抓紧时间到美心门看看吧。

3. 在美心门哼旋律

师：瞧，从美心门飘来了一首旋律请我们用"la"音跟着一起随唱。

（学生用"la"音哼唱歌曲的旋律）

师：你们还喜欢用什么音来哼唱？

生：用"lu"音哼唱。

师：请同学们跟着钢琴的伴奏用"lu"音哼唱。

师：你们唱得真美。

4/4　5 6 | 5 3 1 5 6 | 5 3 1 3 4 ‖
　　　2 3 | 4 2 7 2 3 | 4 2 7 7 6 ‖

师：请你们边用"lu"音模唱，边用手指画出音高线路图。

$$\dot{3}$$
$$\dot{2} \qquad \dot{1}$$
$$6 \qquad\qquad 7$$
$$5 \quad 5$$
$$4$$
$$3$$
$$2$$

（教师带领学生从模唱中体会重复与模进，指导学生唱准）

**【设计意图】**歌曲中多次出现以上两小节节奏，学生通过动手动脑的模唱后，能更好地熟悉歌曲。

4/4  3. 3  1 0 5  3. 3  1 ｜ 2. 2  7 0 5  2. 2  7 0 5 ｜
3. 2  1 7  2. 1  7 6 ｜ 5  3. 2  1 0 ‖

师：请你们边用"la"音模唱，边用手指点音高。（体会音的跳跃感）

师：你觉得这条旋律中哪些部分比较难唱，请指出来大家一起解决。

生1：符点音符不好唱。

生2：节奏太快跟不上……

师：我们来一起解决难点吧。这一乐句中有四分切分音，分别是前四后十六切分音还有十六分休止符等。（教师边说边在课件中指出）

师：请一组同学领唱，其余三组跟唱，把切分音唱准，唱出活泼、跳跃的感觉。

（教师重点指导练习附点音的哼唱，加强舌位的变换以适应旋律的速度）

**4. 在爱心门学记号**

师：你们的模仿能力真强，这么快就把第三张入场券拿到了手。我们离爱心门越来越近了，看看它的门上都刻了什么有趣的记号。

生："Ｖ"形记号。

师：同学们，几句乐句后面的"Ｖ"符号表示，在唱完这句后要换一口气再唱。

（学生跟钢琴伴奏随唱试着换气）

师：同学们的表现太好了，一招一式都有小音乐家的风范，这么快就勇闯四关集齐了四张入场券，让我们赶快进入梦想庄园去播种愿望吧！

**四、学唱歌曲，深入体验**

1. 初次聆听，感知歌曲

师：梦想庄园的主人特别热情，为了欢迎闯关勇士的到来，特意准备了一首好听的梦想园歌，让我们一起听听这首歌曲吧！（播放歌曲《种太阳》）

师：歌曲中唱了什么呢？

生 1：有一个小女孩有一个愿望想种太阳。

生 2：她想把太阳送到南极、北冰洋，挂在冬天和晚上。

师：是的，歌曲主要讲了一个小女孩想种下太阳送到世界的各个角落给世界带来温暖、光明、快乐的美好愿望。

2. 复听歌曲，深入分析

师：这么好听的歌，我都情不自禁地想唱一唱，请你们边听边想（教师范唱，学生聆听）：

（1）歌曲有什么样的情绪。

（2）这首歌曲分为几个乐段。

师：谁来说一说歌曲的情绪是怎样的？

生 1：天真愉快地。

生 2：欢快活泼地。

生 3：抒情优美地。

师：是的，在歌曲中我们感受到了小女孩的爱心和天真烂漫，谁能来说一说歌曲可分为几个乐段？

生：三个乐段。

师：那你是从哪里划分的呢？

生 1：第一乐段"我有一个到……一颗挂在晚上"。

生 2：第二乐段"从啦啦啦……种太阳"。

生3：第三乐段"从到那个时候……变得温暖又明亮"。

师：让我们跟着伴唱完整地演唱一遍。

（学生轻声跟范唱唱一遍歌曲）

师：歌曲唱得很流畅，可是还少些感情，我们再来听一遍歌曲，你们再来体会一下第一、二、三乐段分别写了些什么，应该怎样唱。

师：听一听第一乐段写了怎样的故事。

生：第一乐段讲述"我"的"愿望"。

师：请找出和歌曲第一乐句相同或相似的乐句，看谁找得又快又多。

（学生找出歌曲中相同或相似的乐句后，出示课件）

$$\underline{5\ 6}\ |\ \underline{5}\ \dot{3}\ \dot{1}\ \underline{5\ 6}\ |\ \underline{5}\ \dot{3}\ \dot{1}\ \|$$

$$\underline{2\ 3}\ |\ \underline{4}\ \dot{2}\ 7\ \underline{2\ 3}\ |\ \underline{4}\ \dot{2}\ 7\ \|$$

师：那么，小女孩为什么要把太阳送到南极、北冰洋，还要挂在冬天和晚上呢？请看图找答案（分别出示南极、北冰洋、冬天、晚上图片和对比图）。

生：因为这些地方的气温都很低，一年中有长期的极昼、极夜现象，她把太阳送去帮助他们获得温暖。

师：小女孩的愿望很美好，她有一颗乐于助人的心。那么，同学们我们要用怎样的情绪来演唱呢？

生：用美好、天真、祝愿的情绪，唱得轻快一些。

师：请你们跟着老师的钢琴伴奏来演唱第一乐段吧。

（学生齐唱）

师：第一段歌曲唱得真不错，那我们再来听听第二乐段又讲述了什么。

生：第二乐段讲述"小女孩种太阳"。

师：这一乐段的节奏和旋律我们在闯关时已经掌握了，那么要用怎样的情绪演唱呢？

生：节奏变得紧凑了，要唱得活泼欢快一些，表现种太阳的愉快心情。

师：请你们填词唱一唱，注意声音要像拍皮球一样有弹性。

（学生活泼欢快地齐声演唱……）

师：同学们唱得真动听。最后大家听一听第三段写了什么。

生：描述了小女孩把种出的太阳送到目的地后带来的变化。

师：说得太棒了。那这一乐段的节奏有没有发生变化，在情绪上又该怎样来演唱呢？

生：节奏变疏缓了，要唱得舒展一些、慢一些。

师：你的耳朵真灵！请同学们跟着钢琴声用充满爱的声音和抒情的情绪去演唱第三乐段。

师：同学们，你们优美的歌声打动了庄园主人，她邀请大家和她一起演唱园歌。请你们有感情地大声地唱出来吧。（师伴奏，全班有感情地完整演唱歌曲）

### 五、梦想庄园征集令（创编活动）

师：对了，你们知道吗？梦想庄园正在征集新的愿望之歌，你们想不想让自己的愿望也播种在梦想庄园里被人传唱呢？现在就请你把今天所学的歌曲进行改编，创作出更加优美动听、特色十足的歌曲。（展示作品，师生点评）

（1）学生讨论创作。

【设计意图】激发学生的创新思维。有了老师的启发，学生会觉得创作其实很容易。旨在培养学生的合作能力、创新意识。

（2）展示作品，学生演唱，老师做出评价。

【设计意图】既肯定了学生今天的表现，又给了他们继续热爱音乐、学习音乐的信心和力量。

### 六、梦想庄园交响乐

师：同学们，你们当了一回作曲家，为我们的梦想庄园创作了新的作品。老师希望你们能继续发挥聪明才智，用各种乐器把真、善、美、爱四扇门上的旋律创编成一场交响音乐会。（向代表真、善、美、爱的四组同学分别出示碰铃、响板、三角铁、沙锤的节奏图）

碰铃：4/4　× × × × ×｜× × × × × ×‖（真心门）

响板：4/4　×．× × 0× ×．× ×｜×．× × 0× ×．× × 0×‖

（善心门）

三角铁：4/4　×．× × ×｜×．× × ×‖（美心门）

沙锤：4/4　× — — —｜× — — —‖（爱心门）

师：请四组同学练习各组的节奏。

（学生分组练习，教师指导四组学生进行合奏练习）

师：同学们，交响音乐会现在开始，现在请大家跟着老师的琴声，边演奏边唱歌曲。

（学生进行交响音乐会的表演）

### 七、学科拓展，情感延伸

师：同学们，这个种太阳的愿望是否很美丽，为什么？

生：到那个时候，世界每一个角落，都会变得温暖又明亮。

师：世界上还有许多需要我们关注的人和事。我们的国家近几年发展很快，但在我国的偏远地区和山区仍然有一些人生活在贫困中。比如江西台报道贫困山区孩子上学的新闻，为了在学校有午饭吃，孩子们在寒冷的冬天，还要背着柴火去上学，冰冷的教室里，孩子们的小脸蛋冻得通红。（教师出示图片）

师：看了这些图片，大家会萌发出什么愿望或想法呢？

（学生自由发言）

师：是的，同学们，今天你们每一个人都是一颗小小的太阳，有一天，你们会成长为大大的太阳，用你们的光和热去温暖、照亮别人。就让我们带着希望，带着真、善、美的爱心歌唱起我们的愿望吧，老师相信，只要人人都献出一点爱，世界将变成美好的人间。

（同学们听着音乐离开教室）

【教学评析】在潜心研究教材的基础上，本节课以"种太阳"这个主题为中心，设计了闯关游戏环节来预先解决歌曲的重点和难点。总体来说，授课比较成功，学生的学习兴趣、积极性和主动性都被充分调动起来，教师较好地完成了教学任务。但是教学的关键不仅仅是让学生单纯的学会歌曲，而是让他们明白其中的深意。学生只学会演唱是远远不够的，音乐是一种媒介也是一种情感精神的升华。要让学生体会音乐内涵的魅力，在歌唱中获得情感的升华。

本节课用的是情感体验模式，在聆听的同时通过语言的提问一步步引导学生将情感与歌曲相结合。通过图片的展示将情感延伸到道德的层面从而点题。指导学生树立远大的理想、正确的人生观做一个乐于奉献、善良的人。在创编愿望之歌过程中让学生把自己的愿望创编并演唱。学生带着这个愿望完整演唱歌曲，将自己的愿望和歌曲的深意相结合，不仅理解了歌曲思想，也升华了自己的理想。存在的不足之处，如启发性语言还是少，开发学生自我的问题较少等。

本节课的内容较多，特别是在学生自主模唱、切分音节奏及接龙节奏等环节，一些音乐知识基础好的学校学生可以接受并顺利通过学习，但对一些基础较弱的学校学生来说有一定的难度。如果在这些环节耽误时间的话，很难在一课时内完成教学任务。所以请教师根据自己学校学生的实际情况，在教学过程中对教案的设计环节进行调整。

# 第三节　初中音乐学科教案的撰写样例

## 课题《茉莉花》教案

### ♪ 教学年级

八年级（人教版）。

### ♪ 教材分析

创作于1957年的《茉莉花》是我国广为流传的一首民歌。它的曲调流传极广，变体很多，全国大概有四五十个不同的版本。河北民歌《茉莉花》和江苏民歌《茉莉花》是其诸多变体中具有代表性的两首，深受大众喜爱。其中河北民歌《茉莉花》表现了赏花人对纯洁美丽的茉莉花的赞美之情和渴望采摘茉莉花的迫切心情，而江苏民歌表现的是少女爱花、惜花、热爱大自然的美好心灵。

民歌《茉莉花》不仅在中国广为流传，早在 18 世纪末，就已经走出国门。1926 年意大利作曲家普契尼将其用作歌剧《图兰朵》中女声合唱的素材，让世界通过茉莉花了解了中国，也使得世界亿万观众对具有浓郁中国民间风格的《茉莉花》赞叹不已。这首《茉莉花》芬芳天下，已成为中国文化的代表元素之一。

### ♪ 学情分析

八年级的学生对《茉莉花》歌曲已经有了一定的接触和了解，对其旋律也比较熟悉，所以本节课在教唱方面所用课时较少，重点则是通过多媒体课件及网络上《茉莉花》的相关素材，引导学生体验《茉莉花》歌曲的风格与美感，提高学生对音乐的感知力，拓宽学生的视野。

### ♪ 教学目标

（1）通过欣赏和演唱歌曲，让学生感受茉莉花的芬芳，探寻中国民歌的持久魅力。使学生了解民歌《茉莉花》如何走上国际音乐舞台，增强学生的民族自豪感。（审美感知、艺术表现、文化理解）

（2）通过感知、实践、表现等环节，让学生完整地了解民歌的特点；欣赏江苏民歌《茉莉花》、东北民歌《茉莉花》，与河北民歌《茉莉花》进行比较，使学生了解不同地域、不同风格的民歌。（审美感知、艺术实践、文化理解）

（3）通过学唱河北民歌《茉莉花》，了解歌曲的主旋律、风格，让学生在演唱过程中感受二声部的和谐之感，锻炼学生的配合能力。（艺术表现、创意实践）

### ♪ 教学重点与难点

（1）指导学生有表情地演唱河北民歌《茉莉花》，要让学生在演唱过程中感受二声部的和谐之感，使其能充分体会歌曲的旋律美。

（2）指导学生从风格、调式、旋法、语言上比较河北民歌《茉莉花》和江苏民歌《茉莉花》的异同。

### 教学方法

听唱法、跟唱法、比较法、讨论法。

### 教学准备

钢琴、多媒体课件等。

### 教学过程

#### 一、导入

##### 1. 展示相关图片

播放萨克斯《茉莉花》，展示与春天有关的图片。

【设计意图】让学生随着音乐走进教室，不知不觉中感受大自然的气息，为引入"花"的主题做铺垫。

##### 2. 组织教学

做击鼓传花游戏，引入五声调式的五个音"1，2，3，5，6"，用五个音组成《茉莉花》低声部的旋律，学唱、感受民族调式的魅力，为学习《茉莉花》二声部合唱做好铺垫。

1=♭E　4/4

3 3 3 1̲2̲ | 1 3 2 - | 1 2 2 3̲2̲ | 1 1̲2̲ 1- | 3̲2̲ 1̲3̲ 2 · 3 | 5 6̲1̲ 5 - |

2 3̲5̲ 2̲3̲ 1̲6̲ | 5 - 6 1 | 2 · 3 1̲2̲ 1̲6̲ | 5 - - - ‖

利用柯尔文手势进行视唱练习，从而更好地提高学生对音乐的兴趣，为二声部合唱做好铺垫。

#### 二、教唱河北民歌《茉莉花》

##### 1. 聆听河北民歌《茉莉花》

播放维也纳金色大厅宋祖英的演唱。

师：这首歌曲的速度、情绪是怎样的，表达了怎样的情感。

（学生仔细聆听音乐，回答问题）

【**设计意图**】让学生亲身感受中华民族的音乐登上了世界的舞台，这样可以吸引学生的注意力，提高学生对音乐的兴趣，从内心深处理解歌曲。

师：这首歌曲是我国广为流传的一首民歌，曲调优美，旋律抒情婉转，起源于民间传唱百年的《鲜花调》，原曲讲述的是《西厢记》中张生和崔莺莺的爱情故事。

2. 学唱河北民歌《茉莉花》

（1）再次聆听，让学生随音乐哼唱。

哼唱的时候启发学生用哼鸣，像闻花香一样。体会唱歌的方法，感受歌曲的情感。

（2）教师弹奏，学生演唱，在唱歌的过程中体会、注意旋律的起伏、强弱变化。

从情感的体会角度上去处理力度，强弱、旋律起伏在歌曲中作用。

（3）教师与学生对唱，引入歌曲的演唱形式——合唱，分组演唱，感受二声部的和谐之感。

师：这两个声部时而相同，时而不同，是多声部民歌的典型形态。通过学习，说一说这首歌曲表达了怎样的感情。

生：人们对纯洁茉莉花的赞美之情，和渴望采摘的迫切心情。

【**设计意图**】通过感知、实践、表现等环节，让学生完整地了解民歌的特点，为后面与江苏民歌《茉莉花》对比学习做好铺垫。

### 三、欣赏江苏民歌《茉莉花》与东北民歌《茉莉花》

1. 了解《茉莉花》起源

早在两百多年前，由玩花主人选编、钱德苍增编，清乾隆年间陆续出版的戏曲选集《缀白裘》第六集《花鼓曲》中就记载了以下这段唱词："好一朵茉莉花，好一朵茉莉花，满园的花开赛不过了它。本待要采一朵戴，又恐怕看花的骂。本待要采一朵戴，又恐怕看花的骂。"这便是现今流传的《茉莉花》的前身。

2.聆听江苏民歌《茉莉花》

师：这首乐曲带给你什么样的感受，听到音乐让你联想到了什么画面？

（学生仔细聆听，回答问题）

让学生随音乐打节奏，提高学生的注意力。

3.对比河北民歌《茉莉花》

师：这首歌曲的速度、情绪与河北《茉莉花》有什么不同，能否感受到民歌在传播过程中的变异性？

生：江苏版中速稍快，旋律中有跳跃感，情绪细腻、羞涩；河北版为中速稍慢，旋律平稳，起伏不大，情绪抒情优美。

教师带领学生用打击乐器为乐曲伴奏，并随音乐律动。

4.东北民歌《茉莉花》赏析

师：这首歌曲是哪个地区的民歌，说一说你是怎么听出来的？

生：东北民歌，根据民歌特点听辨出来。

师：同样是民歌《茉莉花》，为什么本首歌曲的旋律曲调与风格与之前所听的不一样？

生：因地域不同、地理环境不同、风土人情不同等所致。

【设计意图】通过欣赏几首具有代表性的民歌《茉莉花》，不仅让学生通过对比的方式了解了我国南北方民歌的差异性，还让学生了解了我国丰富、灿烂的民族音乐文化。

## 四、拓展

师：有句话说得好："民族的就是世界的。"接下来请大家欣赏歌剧《图兰朵》片段，请大家思考一下，《茉莉花》的芬芳是如何在国际舞台上飘香的。

1.欣赏歌剧《图兰朵》片段

师：中国民歌是怎样流传到西方的。

（学生讨论）

2.约翰·巴罗与《中国旅行记》

由于约翰·巴罗的《中国旅行记》的巨大影响，1864 年至 1937 年间，欧美出版的多种歌曲选段和音乐史中都引用了《茉莉花》的旋律。1904年，圣路易斯世博会上《茉莉花》亮相舞台，这也是《茉莉花》在西方舞台的首演。1926年，意大利歌剧《图兰朵》的上演获得巨大成功，歌剧中数次出现《茉莉花》的旋律，自此，这首经典民歌风靡世界，成为中国传统文化代表之一，也成为中西文化交流的经典曲目。

师：通过这节课的学习，我们感受到了《茉莉花》的芬芳优雅和中国民歌的持久魅力，它不仅是中国的也是全世界的，让我们完整地唱一遍，共同感受《茉莉花》的幽香。

## ♪ 教学评析与使用建议

整个教学过程围绕"茉莉花飘香"这一主题展开，教师利用网络资源为学生展示了不同风格、不同形式的《茉莉花》，让学生学到了课本以外的、更多的关于《茉莉花》的音乐知识，开阔了学生的视野，启迪了学生的创造性思维。教学设计突出了新课标理念，注重学生的审美培养与个性发展。

本课设计以一首家喻户晓歌曲《茉莉花》贯穿始终。备课时，应把不同形式、不同版本的民歌《茉莉花》详细地介绍给学生，让他们对于不同的曲调和风格有所了解，进而了解一定的人文知识，这是有一定难度的。

为了达成教学目标，教师做了如下设计：首先映入眼帘的是维也纳金色大厅里，歌唱家演唱《茉莉花》的场景。学生亲身感受中华民族的音乐登上了世界舞台，清音雅韵的"茉莉花"不仅散发着国人的真诚善良，还成为全世界人民共同的音乐财富。以上激发了学生的学习兴趣。兴趣是课堂教学的催化剂，音乐课对学生而言就不再是一种负担，而是能获得美的享受良好渠道。

为了能让学生更好地体会到《茉莉花》的细腻婉转、情深意切，感悟茉莉花朴实无华、洁白无瑕的精神品质，领略中国民歌的持久魅力，教师向学生介绍意大利著名歌剧大师普契尼创作的《图兰朵》就是以中国元朝为背影，把《茉莉花》作为该剧的主要音乐素材，中国民歌《茉莉花》也随着这部经典歌剧的流传而享誉世界，借此激发学生的民族自豪感、民族自信心及学习民族音乐的兴趣。

笔者在此建议一线教师应精心设计好每个教学细节，采取多种手段调动学生听觉器官、视觉器官的运作，让学生们喜爱民歌，使他们真切认识到"只有民族的才是世界的"。

# 第四节　高中音乐学科教案的撰写样例

## 《阳关三叠》教案

### 教学年级

高中一年级（人音版）。

### 教材分析

本节课选自《音乐鉴赏》第九单元《文人情致》第十八节《西出阳关无故人》，教材主讲了古代琴歌《阳关三叠》这部经典作品。古琴曲《阳关三叠》根据唐代著名诗人王维的七言绝句《送元二使安西》谱写而成。琴谱以诗词为主要歌词，将原诗反复三次，故得名《阳关三叠》，也称《阳关曲》《渭城曲》。古曲具有很高的艺术价值，真实而集中地表现了在当时具有普遍社会意义的别恨离愁这一主题。词义诚挚深沉，曲调情意绵绵，诗词与音乐交相辉映，珠联璧合，让人听来回味无穷。

全曲分为三大段接尾声，基本上用一个曲调作变化反复，叠唱三次。每叠又分前后两段，前段用王维的原诗，由四句"起、承、转、合"式的旋律组成，曲调以级进走向呈现，温情而含蓄。后段的旋律跌宕起伏、错落有致，突出表现了悲伤、惜别、期待的感情。尾声，随着一声长叹，似进入一种迷惘的梦境，饱含沉思和期待的想象。1954年，王震亚将此曲编配为混声合唱曲。

我国的歌唱艺术早在原始社会就已经萌芽，劳动人民常用这种艺术形式表达内心的思想感情。在漫长的封建社会中，经历了《诗经》《楚辞》，"乐府诗""绝律""词曲"等不同发展阶段。

## 学情分析

《阳关三叠》是唐代的一首著名琴歌，曲风文雅，意境高远，对于培养学生的品行修养有深刻的意义。但中国古代音乐和它所反映的时代背景距离学生生活的时代比较遥远，因此，当代高中学生在理解歌曲所表达的情感与意境时可能会有一定的难度。但是学生们知识面宽，理解能力强，善于模仿，乐于合作交流，对于音乐作品的情感体验也会细致准确。因此，在教学过程中，教师采用回放古代情景、聆听古曲与歌曲、创设作品的场景意境、唱奏主题旋律等方式，让学生通过情景想象与体验来感受歌曲所表达的感情，激发学生的学习兴趣，感受中国古代音乐文化之美。

## 教学目标

（1）聆听、学唱《阳关三叠》，感受、体验其音乐情绪、音乐风格，了解"三叠"的含义。认知其所反映的历史现象和作品的艺术价值，初步掌握有关中国古代歌曲的基础知识。（审美感知、艺术表现、文化理解）

（2）使用聆听、对比、体验、感受、讨论、编创等方法，通过对歌曲《阳关三叠》的演唱，探究段落重复的遍数以及音乐情绪的变化，感受歌曲的艺术价值等环节，让学生在实践过程中体会古代歌曲的韵味，并能结合所学开展创造性改编活动。（审美感知、艺术表现、文化理解）

（3）通过鉴赏、感受、体验《阳关三叠》，了解中国的古代歌曲，让学生感受我国古代音乐文化的博大精深，培养学生热爱民族音乐、弘扬民族音乐文化。（文化理解）

## 教学重点

通过对音乐要素的分析，感受琴歌《阳关三叠》所表达的离别之情，能吟唱上阕。

## 教学难点

使用聆听、对比、体验、讨论等方法，开展对全曲的分析和体验；加深对作品的理解。

## 教学准备

（1）古琴、钢琴、舞扇。

（2）制作多媒体课件，收集相关文字、视频、音频资料。

## 教学过程

### 一、音诗情境导入，关注古代歌曲

（一）活动目标

（1）创设情境表演，感受古代文人情致。

（2）初步了解中国古代歌曲的相关知识。

（二）活动步骤

1.师生合作创设情境表演

在老师的一段舞蹈之后请学生有感情地朗读幻灯片里的诗句。

2.情境设问

师：请同学们回答，大家与老师合作表现的是古代的哪一位诗人的诗词。

生：答略。

3.教师导入

感受我国古代文人情致，引出中国古代歌曲中的经典作品《阳关三叠》。

4.概述中国古代歌曲

（三）设计理念

本环节从学生熟悉的诗词入手，通过师生合作创设情境表演，激发学习兴趣，使学生感受我国古代文人情致，初步了解中国古代歌曲的相关知识，为接下来的教学活动做准备。

## 二、探索上阕旋律，体验诗乐融合

### （一）活动目标

（1）学唱、哼唱、背唱歌曲上阕。

（2）体验古代琴歌的演唱特点。

（3）探究歌曲创作手法，学会用音乐要素分析作品。

### （二）活动步骤

#### 1.《送元二使安西》情感分析

（1）教师用钢琴伴奏弹唱《阳关三叠》上阕，向学生提问，歌词出自王维的哪一首诗。

（2）出示王维《送元二使安西》诗句，引导学生分析作者对友人依依不舍、忧伤的离别情感。

（3）学生齐声朗诵，初步感受诗词意境。

#### 2. 学唱歌曲上阕

（1）学生唱曲谱。

（2）教师教唱重点乐句，体会婉转含蓄的曲调特点。

（3）个别学生尝试自主填词演唱。

（4）全体学生完整填词演唱。

#### 3. 感受琴歌韵味

（1）教师在古琴上弹奏此段旋律，学生感受古代文人与琴歌一体的艺术魅力。

（2）模仿古琴的音色特点，师生逐句处理尾音的演唱韵味。

（3）学生完整清唱四个乐句。

（4）老师用古琴伴奏，学生浅吟低唱，体验琴歌的特点。

#### 4. 分析音乐要素，探究创作手法

### （三）设计理念

本环节注重发挥学生主动性，引导学生参与体会情感、学唱曲调、体验琴歌韵味、探究作曲手法等多个环节，使学生感受到古代歌曲诗词与音乐的融合之美。师生之间和谐互动，营造良好的课堂氛围。

### 三、赏析体验全曲，感受艺术价值

**（一）活动目标**

（1）探索歌曲哪个段落重复三遍，音乐情绪如何，上下阕音乐情绪的对比。

（2）体会每一叠的情感侧重。

（3）认知《阳关三叠》的艺术价值。

**（二）活动步骤**

1.《阳关三叠》曲名的由来

师：唱到第四句"西出阳关无故人"时，同学们想一想此处有没有明显的结束感，请大家回答这首歌曲为什么叫《阳关三叠》。

2. 赏析混声合唱《阳关三叠》

（1）完整聆听，引导学生辨听哪个段落重复了三遍。

（2）认知歌曲结构。

师：琴曲叠唱的每一遍是否完全一样。

（3）歌曲上下阕情绪对比。

①师生合作演唱第一叠的上下阕并进行比较。

②分析第一叠下阕音乐要素在表达音乐情绪方面的作用。

（4）引导学生理解和感受第二叠和第三叠及尾声的情感侧重。

3.《阳关三叠》的艺术价值

师：请大家思考，这首歌曲为什么要重复三次。学习了《阳关三叠》这首歌曲后，大家有怎样的感受和认识。

（学生谈感受，总结艺术价值）

**（三）设计理念**

此环节旨在全面了解和完整感受《阳关三叠》，让学生逐步认同琴曲极高的艺术价值，了解博大精深的中国歌曲艺术，有利于培养学生对优秀传统文化的热爱。

### 四、唱出深情，传承经典

**（一）活动目标**

（1）对《阳关三叠》进行延伸再创作，拓展学生的音乐文化视野。

（2）培养学生小组合作、创编表演的能力。

**（二）活动步骤**

（1）分组对《阳关三叠》进行延伸再创作。

（2）以丰富的表演形式将《阳关三叠》再度呈现。

（3）播放《大美中华》视频片段，感受中国歌曲艺术中诗与乐珠联璧合之巧妙。

（4）语言启迪学生要继承和发扬中华优秀传统音乐文化。

**（三）设计意图**

《阳关三叠》是中国古代歌曲中的佳作，值得后人研究、借鉴。通过创设歌曲的再创作活动，激发学生的创造性思维，引导学生深刻地感受中国古代音乐文化的价值与艺术魅力，让学生以创新性的表演形式实现对博大精深的中华优秀传统音乐文化的传承和发扬。

### 教学评析与使用建议

本节课以体验琴歌《阳关三叠》的别离情感为主线，用朗诵、演唱、模仿、体验、创编等教学方式引导学生去理解、感受这首琴歌。学生们喜欢听，便能积极参与课堂教学，课堂气氛也很好，总体来说，本节课较好地完成了教学目标。

导入部分从师生合作创设情境表演环节开始，音乐与画面、舞蹈与诗词相结合的表演形式，激发了学生的兴趣，作为本课教学的切入点，获得了预期的效果。课堂教学的重点部分是引导学生通过多种体验方式感受作品，学生感受到了音乐要素与情感表达的必然联系。特别是教师弹奏古琴带领学生演唱，学生用肢体动作律动成为本环节的亮点，获得了很好的教学效果。拓展部分的创作表演活动，使学生感受到古代音乐文化的价值与魅力，同时也对中国古代音乐文化的传承和发扬有了一定的认识和想法。笔者建议教师可在导入环节细致介绍琴曲的时代背景。

# 第五章
# 核心素养导向下的中国民族声乐教学

中小学音乐教育应以民族音乐文化传承为基础，唱家乡的歌，让优美动人的家乡音乐旋律流淌在学生的心灵深处。让学生先学乡土音乐，再学民族音乐，进而了解外国音乐。通过传唱自己家乡的歌，深入了解民族传统文化，提高自身的审美水平，在音乐作品的学习和传唱中增强家国情怀，传递真善美。

## 第一节　中国民族声乐的历史发展

中华民族悠久的历史与文明，为中国民族声乐的发展与繁荣打下了坚实的基础，经过数千年的历史积淀，形成了中国独有的民族声乐特色，呈现出多彩的风貌。无论是音乐的创作、理性的研究，还是表演的经验，都有着厚实的积累。这是中国各民族世代形成的心理素质、文化传统、审美观念在声乐艺术上的反映。

老一辈歌唱家成功地探索了用科学发声法来表现民族歌曲的歌唱方式。在演唱中融入中国戏曲的演唱元素，同时结合美声发声法，在歌唱技术难度上大大提高拓宽了中国民族声乐演唱的曲目与风格，对我国民族声乐艺术的发展做出了突出贡献。

民族声乐的发展与历史、文化、民俗等有着密切的联系。通过分析声乐作品可以感受到有关民族历史文化的深厚背景。在中国民族声乐教学中，应充分利用深厚的民族文化背景，达到对我国民族文化的传承与发扬，并使学生达到在声乐演唱中把音乐形象化、具体化的目的。

当前，音乐工作者们对民族声乐及民族唱法均做出了不同角度、不同深度的研究。在一些音乐词典、音乐史论书籍以及有关民族声乐、民族音乐的论文和著作中都有所涉及，但从声乐作品及其演唱风格特点分析研究民族声乐教学还相对较少。我们应从对声乐演唱中的咬字发音、情感表达与演唱风格的把握，以及歌剧人物形象的塑造等方面进行系统的分析，总结概括出在当前民族声乐教学所要遵循的声音的客观性、方法的科学性、作品的风格特点，因材施教、循序渐进，以期推动中国民族声乐教学的发展。

## 一、认识中国民族声乐艺术

中国的民族声乐艺术植根于中国的土壤，由各民族共同创造，伴随着中国历史的发展而形成的中国民族声乐艺术。体现了中华民族的艺术特点、欣赏习惯和审美意识。数千年来它积累了丰富的曲目，创造了独特的演唱技法，形成中国的演唱形式和风格特点，并造就了无数深受人民爱戴的演唱家、声乐教育家。它是中国音乐文化的瑰宝。

中国民族声乐艺术是以民族唱法为主体，以民族语言为基础，以行腔韵味为特长，并以形体表演融为一体的情、声、字、腔相映生辉的综合演唱艺术。在长期的发展中形成"声情并茂，字正腔圆，神形兼备，唱表结合，载歌载舞"的二度创作原则。从文化发展史中可以看出，东西方文化有其不同的发展过程。我国古代各民族的音乐文化，在夏、商、周时期已相当繁荣，声乐活动的规模已相当大了。由于我国地域宽广，民族众多，语言丰富，因此讲中国民族声乐就不能不与我国的民间演唱形式、民族传统艺术的发展联系在一起，方能从中了解我国民族声乐艺术发展的悠久历史。远在 4000 年前，中国远古时期的歌唱就和诗、乐、舞一起产生和发展了。相传大禹治水时，涂山氏之女于涂山曾歌"候人兮猗"，足见情歌在古代歌曲中占有重要的地位。到了原始社会末期，出现了许多舞乐。《左传》中记载：公元前544年季札观周乐近20篇，逐篇称赞，欣赏至极。《论语》中也有对"孔子闻《韶》，三月不知肉味"的记载。可见当时的歌唱艺术已经具有相当的感染力。

从古到今，我国就有许多关于演唱技术和训练方法的记载。在中国民族声乐演唱中以戏曲为主要形式，它的发展是随着我国政治经济和社会的发展而发展的，在我国声乐艺术发展史中有着重要的地位。

在我国古代的声乐艺术演唱中，对呼吸的运用十分考究，有"气沉丹田""善歌者必先调其气"之说，同时中国声乐艺术对语音的要求非常讲究。在我国戏曲演员的训练中，建立了一套完整的训练方法和训练体系。不仅对声音训练有一套完整的、严格的规矩，尤其把语言的训练摆在一个相当重要的地位，把每个字的演唱，规范得非常细致，如一个字的声调有四声，即阴、阳、上、去，每个字的唱出，要分五音、四呼、出声、收音等。

《唱论》最早记载于元朝杨朝英编选的《乐府新编阳春白雪》中，清代徐大椿在《乐府传声》中对其做了总结，这表明我国民族声乐艺术早在数百年前，在技术方面有了很高的水平。

1922年，经萧友梅提议、蔡元培的倡导下，北京大学音乐传习所，1925年又建立了"国立北京艺术专门学校"音乐系，1927年该校停办。萧友梅又在蔡元培的支持下，筹建"上海国立音乐学院"，他先后任该校教授兼教务主任、代院长。1929年9月音乐学院改组为"上海国立音乐专科学校"，由萧友梅担任校长。该校是我国最早建立的一所高等音乐学府，是现在上海音乐学院的前身。从那时起，我国声乐艺术的发展步入了一个新的阶段。当时在"国立音专"任教的老师多是从海外留学归来的留学生，他们都较系统地学习过西洋声乐，为中国民族声乐艺术的发展发挥了很大的作用。

## 二、近现代的中国声乐艺术及各时期代表人物

20世纪初，学堂乐歌兴起，中小学与师范学校里普遍开设了唱歌

课，许多原创艺术歌曲在教学中大量传唱。至我国最早一批专业音乐院校建立，以美声为代表的西方歌唱方法逐渐在中国得到传播。这些院校先后聘请一批在华的外籍声乐教师，教授美声唱法。与此同时，20世纪30年代，中国一批卓有才能的声乐人才赴美国及欧洲诸国学习声乐，并先后归国，从事美声演唱与教学。到1949年中华人民共和国成立时，已有相当一批优秀的美声歌唱家和教师，他们中影响较大的有应尚能、黄友葵、喻宜萱、周小燕、张权、沈湘等。

　　自此，我国的专业声乐教育有了更大的发展。以中央音乐学院和上海音乐学院为代表的声乐专业音乐教育，以及一些艺术师范院校中的专业声乐教学更加正规，教学水平显著提高。这一时期，苏联及东欧一些国家的声乐专家来华教学，对提高我国专业声乐教学水平做出贡献，同时，国家也有计划地选派一些优秀声乐人才出国进修深造。一些新文艺工作者，为了使自己的演唱为广大人民群众所喜爱，他们努力学习民歌、说唱和戏曲演唱，研究传统民族声乐艺术在发声、咬字、行腔、表情等方面的特点和规律，同时也向西方的美声唱法学习和借鉴，于是形成了中国现代歌唱艺术中的民族唱法。由于他们个人嗓音条件的不同，所学的民间歌唱种类和方法不同，因此又形成了他们各自不同的演唱风格和特色，其中的佼佼者有王昆、黄虹、郭兰英、郭颂等。特别是1978年改革开放以来，国际音乐交流更加频繁，各国优秀歌唱家与演出团体纷纷来华演出，以各种途径出国学习深造的声乐人才成倍增长，中国声乐水平已与国际接轨，我国杰出的声乐教育家走出国门担任国际比赛评委，一些杰出的青年歌手频频在国际声乐比赛中获奖。20世纪50—60年代涌现的有影响的歌唱家有郭淑珍、李光羲、刘秉义、马玉涛、吴雁泽、杨洪基等。20世纪80年代以来涌现的杰出中青年歌唱家有关牧村、蒋大为、殷秀梅、张建一、梁宁、迪里拜尔、汪燕燕、刘维维、廖昌永、郑咏、戴玉强等。美声唱法经过七八十年的发展，已经在中国扎下了根。研习美声唱法的中国歌唱家们在将传统音乐与西洋使美声唱法相融合的基础上，对传统民族声乐的演唱方式进行创新，使得中国的美声唱法在

达到或接近世界水平的同时，又具有了民族的风格和韵味。总体来说，
20世纪的中国传统戏曲、说唱、民间歌舞和民歌得到空前发展，涌现了
大批唱演俱佳的优秀演员，把中国民族声乐艺术提高到前所未有的水平。

　　一些从事美声唱法的歌唱家和教师，他们追求的目标是如何建立美
声唱法的中国学派，把民族的声乐艺术与西洋声乐艺术的优点有机地结
合起来，正如张权所说："各国歌手都学习意大利的发声方法，但却有
法国学派、德国学派……我们中国当然也可以有中国学派。"而对于从事
民族唱法的歌唱家和教师来说，则有一个如何向西洋美声的发声方法学
习，使民族唱法的气息更加贯通，共鸣腔体更充分地打开，声区更加统
一，音域更加扩大的问题，以使民族唱法更加科学化。以中国音乐学院
为代表的专业音乐院校，不仅在使美声唱法民族化的训练方法趋向完善
和规模化，同时也为培养美声唱法民族化人才创造了客观条件和营造了
浓厚的学术氛围。

　　世界上不仅美声唱法有各种学派、各种风格，不同国家和民族的美
声唱法亦有所不同，而且我国的民族唱法更是多种多样，不同剧种和曲
种，不同地区的民歌的唱法和风格也各不相同，各有特色，丰富多彩。
特别需要指出的是，不同演员和歌手的音色和风格也是因人而异，当今
活跃于歌坛的歌手，无论从其发声方法，还是演唱的风格特色来说，也
是各不相同的。因此，我们不仅主张科学、合理和自然的发声方法，而
且提倡演唱艺术的独创性和风格的多样化。

## 第二节　从咬字看歌唱的语言艺术

　　我国是多民族的国家，不仅有丰富的语言，更有多彩的音乐种类。
作为一名音乐教育工作者，应立足在本民族的语言基础上，很好地掌握
我国民族语言的发音规律并充分发挥其风格特点。

　　中国传统民族唱法中有科学性，外国声乐也有其科学性。从基本声
乐训练的科学唱法来说，这是世界各个学派所共有的。中国的戏曲、曲

艺、民歌、歌剧和创作歌曲的演唱方法的基本训练也不例外，只是由于语言、风格、情感、表演、气质等方面，各个民族和地区有所不同的差异。不同的风土人情，不同的审美习惯，会产生出不同的个性和特色，从而在唱法上也随之而发生变化。这种演变并不意味着它变得不科学了，而是在科学的基础之上所体现出来得不同个性罢了。很多人对这个问题搞不清楚，经常把各种唱法分割开来去解决声音的基本训练问题，这样难以达到预期的教学效果，民族声乐教学更要注意这个问题，要处理好科学性与民族性的关系，也就是要处理好共性与个性的关系。在 20 世纪五六十年代，曾经有过"土洋之争"，学者各抒己见，互不相让，谁也说服不了谁，也争不出个结果来。其实，从成功例子来看，不论什么唱法都应当经过科学唱法的基本功训练，然后再去掌握和了解各种唱法所特有的规律，去体现它本身的个性，才能得到真正的提高和发展。不同的声乐学派和民族声乐艺术之所以能形成特殊的风格和色彩，关键是语言的作用。

## 一、歌唱的语言特点

语言是歌唱的基础，歌唱是建立在语言基础上的艺术。歌唱艺术直接受语言的影响和制约。歌唱的艺术风格、民族风格、表现形式和不同声乐学派的形成，一方面是审美习惯的差异，更重要的则是因语言不同。因此，古今中外的声乐家在声乐训练与演唱中都十分重视歌唱的吐字问题。我国宋代沈括在《梦溪笔谈》中就曾说："古之善歌者有语，谓'当使声中无字，字中有声'"。这就是说要把字融化在歌声之中，即"声中无字"；将字变成音乐化的有声字，即"字中有声"。明代魏良辅在《曲律》中也提出"曲有三绝，字清为一绝，腔纯为二绝，板正为三绝"，将"字清"列为三绝之首。我国民族声乐艺术中吐字的审美标准是"字正腔圆"。字正腔圆最初是衡量戏曲演唱水平的一个标准，后来扩大到民歌、曲艺等民间说唱音乐中，现在已成为我国民族声乐艺术吐字咬字的一句格言。例如民歌《沂蒙山小调》，结构虽然简单但曲调都很动听，在演唱时着力于把曲调唱得很感人，衬词"那个""哎"突出了山东民歌的开朗豪放的风格特色，在舒展开阔中唱出对沂蒙山美景和幸福生活的赞美和喜悦之情，特别是多段歌词用一个曲调的分节歌，依据歌词的不同而做不同的表达和处理。

## 包楞调

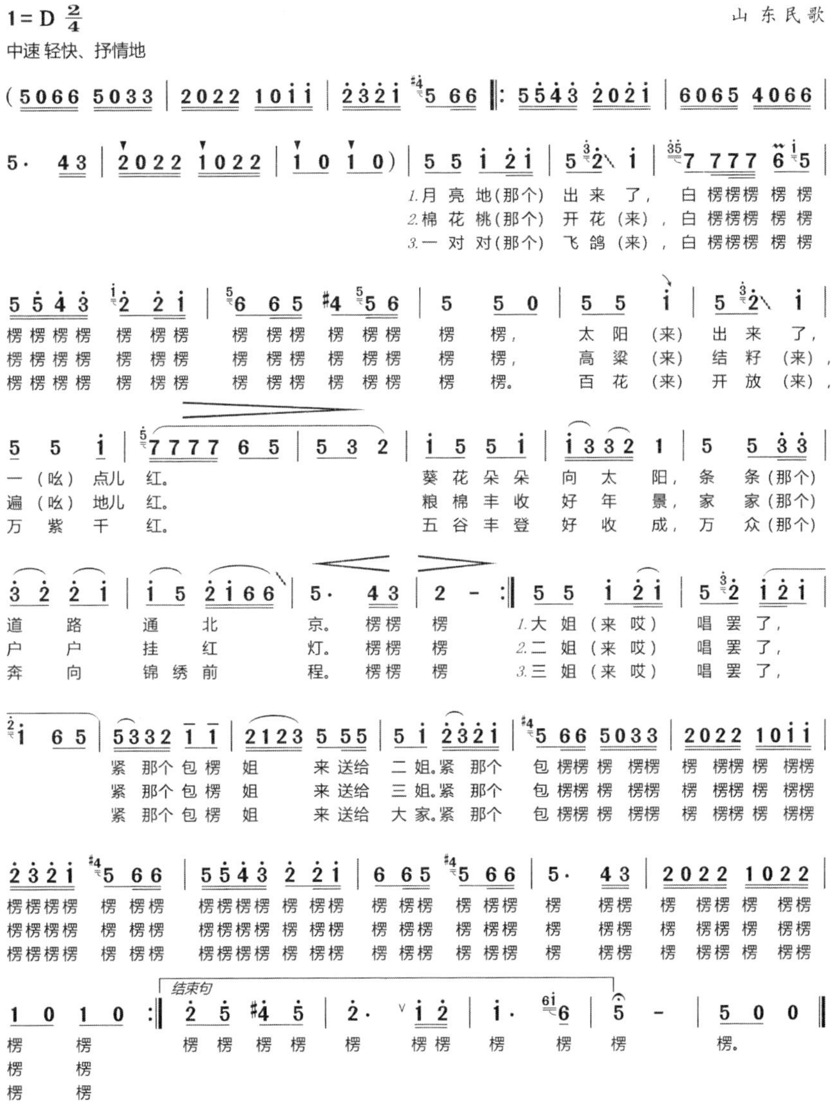

山东民歌《包楞调》，根据流传在鲁西南成武地区的传统小调填词，因歌中的衬词而得名。歌曲以极大的热忱歌唱了 20 世纪 60 年代的农村新景象，并欢悦而热情地赞颂了伟大的中国共产党和人民领袖。

歌词朴实简洁，衬词生动活泼，节奏富有动感。全曲结构不规整，单二部曲式，调式为宫—徵交替调式。《包楞调》属于山东民歌的花腔类。歌曲中两处花腔，分别出现在歌曲的开头和结尾，曲中的"白楞楞"是一种装饰性的衬词，演唱起来应像潺潺的流水，清澈、流畅、活泼、动听，富有弹性和动感。整首歌曲要演唱得轻巧、流畅，给人以欢快、愉悦之感。特别要注意咬字轻重分明、节奏平稳规整，不忽快忽慢，既唱得活泼欢快，又唱得连贯流畅。歌词中具有装饰性的衬词反复出现，增加了歌唱的民族风格，增强了情感表达的力度，受到广大听众的喜爱。

世界上任何一种歌唱方法，都是与语言紧密关联的，任何一个国家，任何一个民族，都是按自己民族的语言特点来吐字行腔，表情达意。学唱《包楞调》，开始要慢唱，要吐字清晰，注重音准，再逐渐加快速度，提高舌头的灵巧性，要将大段的衬词"楞"唱得流利。歌词与衬词要处理得当，主词要清晰、流畅；衬词要轻快，切不可主次不分，轻重不分，否则会使人既听不清歌词又感受不到衬词的巧妙与光彩。

## 二、歌唱咬字的声、韵、调

歌唱者要想吐字清晰准确，首先要学习和掌握语言的规律性。就汉语来说，从我国传统的音韵学理论来讲，构成语言的每一个汉字，都是由三个因素合成的，即声、韵、调。

1. 声——就是声母（子音），是发音中的辅音。声母是一个字开始的音，是音节开头的辅音，汉字的发音大多是以辅音开始的，也称作"辅音声母"，即字头。也有些字是以 i、u、ü 等元音开头的，这种音节开头部分没有声母，只有韵母独立为音节的，称作零声母。

辅音声母共有 21 个，分为七种，即：

（1）双唇音：b、p、m。

（2）唇齿音：f。

（3）舌尖音：d、t、n、l。

（4）舌前音：j、q、x。

（5）舌根音：g、k、h。

（6）舌齿音：z、c、s。

（7）翘舌音：zh、ch、sh、r。

在我国传统声乐理论中，根据这些辅音声母在口腔的发音部位分为五类，称作五音，即：

（1）唇音：b、p、m、f。

（2）舌音：d、t、n、l。

（3）牙音：j、q、x。

（4）齿音：z、c、s、zh、ch、sh、r。

（5）喉音：g、k、h。

2. 韵——就是韵母（母音），是汉字中的元音。韵母是声母后面的部分，它是能发出并能延长的音。韵母可分为单韵母、复韵母及鼻韵母三种，即：

（1）单韵母：（即基本元音）a、o、e、i、u、ü。

（2）复韵母：（即复合元音）ai、ei、ao、ou、ia、ie、iao、iou、ua、uo、uai、uei、üe。

（3）鼻韵母：（即鼻化元音）an、en、ian、in、uan、uen、üan、ün、ang、eng、iang、ing、uang、ueng、iong、ong。

在我国传统声乐理论中，根据这些韵母发音的着力部位分为四类，称作四呼，即：

（1）开口呼：凡是以 a、o、e 为开头的韵母，发音时着力于口腔后部，用力在喉，都称为开口呼。

（2）齐齿呼：凡是元音为 i，或以 i 为开头的韵母，发音时着力于口腔前部，用力在齿，都称为齐齿呼。

（3）合口呼：凡是元音为 u，或以 u 为开头的韵母，发音时着力于满口，用力在合口，都称为合口呼。

（4）撮口呼：凡是元音为 ü 或以 ü 为开头的韵母，发音时着力于唇部，用力在唇，都称为撮口呼。

3. 调——就是字的声调，汉语是有声调的语言，声调是一个音节或字单独发音时，具有区别高、低、升、降的音高变化，称作四声，即阴平、阳平、上声、去声，字的四声具有区别字义、正确表达词义的重要作用。

（1）阴平：不升不降，用符号"-"来表示。

（2）阳平：从低升到高，用符号"ˊ"表示。

（3）上声：从半低降到最低，再升到半高，用符号"ˇ"来表示。

（4）去声：从高降到低，用符号"ˋ"来表示。

因此，歌唱者咬字吐字时要做到以下几点：

第一，咬清"五音"，即"唇音、舌音、牙音、齿音、喉音"，这是字在口腔中发音的部位。

第二，吐正"四呼"，即"开口呼、齐齿呼、合口呼、撮口呼"，这是字在口腔中发音的着力点。

第三，辨明"韵辙"，即"十三辙"，这是字的归韵收音。

第四，分清"四声"，即"阴平、阳平、上声、去声"，这是字音的高低升降。

以上是前人总结出的我国传统声乐理论中关于咬字、吐字的宝贵经验，应认真学习。

如《我的家乡沂蒙山》这首歌，以山东民歌为基调，旋律抒情、明朗，具有浓郁的乡土气息和鲜明的民族风格，表现了人民对家乡的热爱、赞颂之情。歌曲一开始就具有明朗、舒展的色彩、歌词中出现了泉水、松柏、梯田、水库等一系列景象，配上起伏有致、优美抒情的旋律，向人们展现出一幅丰收、美丽、喜人的锦绣画卷，同时也表达了浓浓的军民鱼水之情。歌曲巧妙地运用了山东民歌中富有特性的衬词，增强了歌曲的感染力，丰富了歌曲的表现力，令听者回味无穷。结尾衬词"哎嗨嗨哟"的运用，更让人有余音未尽之感。

这首歌曲在演唱时，速度要适中，感情要亲切、朴实、深情，特别是衬词的演唱要轻巧、有韵味，恰到好处。

# 我的家乡沂蒙山

朝中 左云 黄凌 词
金西 曲

1=G 2/4

中速 赞美地

## 三、歌唱咬字的头、腹、尾

我国的汉字是单音节，从明代起根据汉字的这一特点，将每一个字分成字头、字腹、字尾。字头即辅音（声母），字腹即元音（韵母），字尾即归韵收音。在演唱中的技法总结如下：

第一，要咬清字头。字头是字的起音，一般都是辅音，辅音是不能延长的，因此要唱得敏捷利索、短而有力、着力点准。气息必须有一种突破阻碍的力量，可称它为一刹那的爆发力，而且这种力量要一触即散，要咬而不死，就像"大猫叼小猫一样"。

第二，要吐正字腹。字腹就是元音，元音是字的发声和延长的部分，因此要发音应流畅圆润，丰满而富有色彩。当字头发出后，立即唱出字腹，除气息的支持外，吐字头所用的力应立即消散，保持韵母的发声状态，口型不变，气息不断，字声统一，音韵准确，否则吐字就会含混不清。

第三，要收准字尾。字尾也叫归韵收音，字尾有以元音结束的，也有以辅音结束的，有前鼻音，也有后鼻音，不论结束在什么音上，字尾都要收得轻巧准确，要归得恰到好处，同时收尾仍然要用气息托在音韵上，轻柔地向上输送，保持在高位置上，避免归韵过重、过长。

我国传统的声乐理论根据汉字分为头、腹、尾的这一特点，把咬字、吐字的过程科学地归纳为出声、引腹、归韵三个方面，使学习者更好地掌握咬字和吐字的规律。这样分类的其实质就是出声时要咬清字头，引腹时要吐正字腹，归韵时要收准字尾，达到咬字清、吐字正、归韵准的目的，获得字正腔圆的艺术效果。何为字正腔圆，"字正"指的是字纯、字真和字准，"腔圆"指的是声音圆润、腔调婉转。现在来谈谈"字正"的三个方面：

第一，字纯。指的是以普通话语音为标准的纯正发音，它是字真、字准的前提。我国是多民族国家，幅员辽阔，方言种类繁多，在文字和语言的流通上，以汉字普通话为标准文字和语言，以方便各民族人民之间的思想文化交流。在歌坛，除了特定环境和特殊需要外，基本应以普通话语音为字音的发音标准。所以，此处的字正，便是指以普通话字音为标准的纯正发音。因此，歌唱者要认真学好普通话。

第二，字真。其核心是如何衔接、怎样表达，也就是说，字头、字腹、字尾三个部分不仅要分得清，还要连得好，既要符合音响学的要求，又有与之相适应的较为全面的表达方式和方法。歌者必须在日常训练中加强练习。

第三，字准。就是歌唱者既要对字的组成有比较详细的了解，又要有准确的发音。有不少声乐初学者，甚至一些资深歌手由于这样或那样的原因，对音素没有充分而正确的认识，在各声韵母的发音过程中，交代不清，有些是因为字头的喷口不足，有的是因为字尾交代不清或不到位，如此，使听者只听到声音而辨不清何字，最终是唱的人迷糊，听的人模糊。

所以，学会普通话，学好汉语拼音，即使在用民族语言演唱各族民歌时，也会触类旁通。明代著名戏曲音乐家魏良辅说过"曲有三绝，字清为一绝，腔圆为二绝，板正为绝"，19世纪意大利著名歌唱家卡鲁索也曾说："清晰的吐字绝对不会对嗓音有害处，相反地使声音更完美、更集中、更柔和。"可见，古今中外人们对声音和咬字的要求都是相同的。

### 四、歌唱中字、声、气、情的关系

#### （一）字与字的关系

在歌唱中怎样才能做到字与字的完美过渡，一是在字音转换时要保持打开腔体的稳定状态，无论字怎样变化，打开的咽喉腔体要保持相对稳定不变，在变中求不变。二是把字都要安放在同一个高位置的共鸣点，尽管字变化不一，共鸣点却是同一个，在不断变化中求统一，从而把字与字的过渡转换好、衔接好，达到"累累乎端如贯珠"的艺术效果。

#### （二）字与气的关系

歌唱中每个字都必须在正确呼吸的支持下吐发，所有的字都要在气息的轨道上走动和转换。如果气息不足失去支持，就会声跌字落；气息过猛失去平衡，也会将字冲散走形。气息不但托着每个字，而且直接影响着字的力度感，如轻重、断连等语气的表现都与气息的控制息息相关。因此要以正确的呼吸作为歌唱吐字的基础，达到"珠圆玉润"的艺术效果。

如在民歌《在希望的田野上》中"我们的家乡，在希望的田野上"

这一乐句，如果把换气符号放在"乡"字之后，"在"字之前（即第二小节末尾半拍前）是很恰当的，但若把它稍作移动，放在"在"字之后（第二小节末尾半拍后），无论是歌唱者还是听者，都会有一种不顺畅的感觉。因为旋律的进行也如说话一样有句读之分，后一个换气点不在乐句的句读上，会使人产生不舒服的感觉。一般来说，换气总应在乐句之间进行，当然，为了某种目的，在中途进行换气的情况也是有的，如为了加强语气、渲染气氛，也可以在某个特殊的音上换气。

### （三）字与声的关系

在发声时要求咽喉部必须稳定，而在吐字时又要求口腔吐字器官灵活，这就形成了矛盾，如何解决好这个矛盾，那就要通过训练使歌唱者具备"两张嘴"：一张是吐字的嘴——口腔的前半部，即唇、齿、舌等；另一张是发声的嘴——口腔的后半部，即口咽腔。吐字的嘴要灵活，发声的嘴要稳定。但不能因保持歌唱"喉形"的稳定，而造成音包字或不收音，也不能因口腔吐字的动作过大而干扰声音的线条，使每一个字都唱在同一个声音支点上、同一个共鸣腔体里和同一个高位置上，做到字、声完美结合，达到"声如串珠"的艺术效果。

### （四）字与情的关系

语言是人类思想感情的信号，歌词也承担着传情达意作用，因此歌唱者必须做到"字里传情"。要厘清哪些字是音乐重音、逻辑重音及感情重音，对这些具有一定感情含义的字，应加以强调和运用特殊的唱法给予润色，这样才能"一字成趣"，韵味浓郁。同时要在音乐旋律和艺术表现的过程中，处理好歌唱语言的节奏、韵味、轻重、强弱、快慢、急缓、抑扬、顿挫及断连等语调、语气、语势的表现，达到"词尽意不尽"的艺术效果。如歌曲《我爱你塞北的雪》，唱这首歌时呼吸必须平稳，用气息支撑声音。在演唱这首歌的拖长音时，要有丰富的内在情感，才能表现出对家乡、对塞北那份特别的热爱之情。

# 我爱你，塞北的雪

王 德 词
刘锡金 曲

1=♭B 4/4

（乐谱）

1.我 爱 你
2.我 爱 你

塞 北 的 雪， 飘 飘 洒 洒
塞 北 的 雪， 飘 飘 洒 洒

漫 天 遍 野， 你 的 舞 姿 是 那 样 的 轻 盈， 你 的
漫 天 遍 野， 你 用 白 玉 般 的 身 躯， 装 扮

心 地 是 那 样 的 纯 洁， 你 是 春 雨 的
银 光 闪 闪 的 世 界， 你 把 生 命 溶

亲 姐 妹 哟， 你 是 春 天 派 出 的 使 节，
进 土 地 哟， 滋 润 着 返 青 的 麦 苗，

　　声乐教师在教授学生演唱时必须做到字正腔圆，字清意明，使语言在我国民族声乐艺术中真正成为音乐化的艺术语言，在歌唱中完成语言对情感的表达、形象的塑造、民族艺术风格的表现，做到了声音美与语言美的高度统一。

## 第三节 从演唱声乐作品看歌曲的情感与风格把握

声乐作品的艺术表现，是演唱者对声乐作品的感知和思想内涵的表达，通过歌唱体现出来。艺术表现准确的评价标准是：歌唱是否富有表情而且优美动听。歌唱是人们用来抒发、表达和交流情感的一种形式，歌唱艺术是歌唱者以歌唱的方式表达歌曲的思想与情感的表演艺术。因此对歌曲的艺术表现与处理以及情感表达的具体手段，就成为完美地表达歌曲思想感情的主要手法与途径。

### 一、准确表达声乐作品的思想与感情

#### （一）充分掌握和运用歌曲的曲式结构特点，表达歌曲的思想内容与情感

歌曲作品的曲式结构是与其内容相适应的整体结构形式，它是构成完美艺术形式的表现手段。在演唱中通过歌曲曲式结构的完美艺术形式，去塑造歌曲的音乐形象，深刻地表现歌曲的思想内容与情感。

演唱时要认真分析研究所唱歌曲的曲式结构与段落特点，在演唱中充分地掌握和运用结构特点，从整体上布局和处理歌曲的艺术表现，对不同的曲式结构及段落，采取不同的表现手法，表达歌曲的思想内容与情感。

#### （二）充分掌握和运用歌曲的调式、调性特点，表达歌曲的思想内容与情感

歌曲的调式、调性是音乐表现的重要手段，它直接影响歌曲的感情色彩与情绪。"不同的调式，都有着互不相同的各自的表现方式和特点：有的明亮，有的暗淡，有的刚劲，有的柔和，各具特色。"一首歌曲，可以用一个调性写成，也可以用两个或两个以上的调性写成。甚至采用多个调性的转换变化手法，并与其他音乐表现手段（如旋律、节奏、和声以及速度等）相结合，去推动音乐的发展，进行色彩的对比，生动地塑

造歌曲的音乐形象与人物形象，深刻地表达歌曲的内容与情感。

歌唱是表现感情的艺术，准确地表达民族声乐作品的思想内容与感情，就成为歌唱艺术的任务和目的。

要准确地表达民族声乐作品的思想内容与感情，首先要熟悉作品，要对作品的歌词内容与音乐特点有较全面的了解；同时还要对作品的时代背景与词曲作者的生平、政治态度、思想感情、生活经历和艺术风格及其表现手法做进一步了解，从而正确地理解作品所反映的生活内容、思想内涵与情感。其二要熟读作品的曲谱，从而准确地掌握作品的音准、节奏、节拍、分句、换气以及乐谱中的各种标记符号等。其三要深入地分析研究作品的音乐体裁、表现方式、音调特点、曲式结构、调性布局、乐器伴奏等，从而深刻地理解作者的创作意图。其四要以作品为依据，准确地把握作品的演唱基调、演唱风格、演唱身份和演唱意境。

演唱者要把自己对声乐作品的歌词与音乐的理解，用优美的歌声将作品的思想内容与感情准确地表达出来，这是艺术表现的重要原则。

## 二、准确把握民族声乐作品的演唱风格

歌唱的演唱风格，是民族声乐作品的艺术风格与演唱的艺术风格高度统一的体现。要准确地掌握作品的演唱风格，就要从两个方面入手：一是要了解和熟悉原作的风格，包括作品的时代风格、民族风格、地区风格、个人风格等，以及形成这些风格的诸多因素，如词曲作者的生活环境、生活经历、生活态度、个人特征、审美观念、审美情趣和对作品题材的处理手法与表现手法等。同时在演唱某一个作曲家的某一首作品时，还要熟悉他更多的作品，这样才能从中掌握他的作品风格特点。二是要在了解和熟悉作品风格特点的基础上，还要进一步从作品中去探索和琢磨：怎样把作品的风格特点，通过自己的演唱表现出来，也就是说如何恰如其分地运用自己所掌握的歌唱技巧与艺术表现手法，准确地表达作品的风格和鲜明地体现作品的时代特征与民族特征，从而将作品的风格与演唱的风格融为一体。

此外，旋律中的力度、速度以及各种表情记号都是塑造音乐形象必

不可少的，要提高歌唱的乐感，就得不折不扣地按照旋律中各种记号的要求去做。每一种记号都有它特定的含义、特定的要求，歌唱者应多了解其含意，并按要求把它唱准、唱好。如力度记号的使用，那是作曲者为了将前后音乐与此处做对比而采用的，一个好的歌唱者不仅要把它当作简单的强弱音来唱，更要理解作者想要表达的意图，在演唱中充分体现作品的内涵。又如，各种速度记号在很大程度上左右着旋律要营造的音乐气氛。简单地说，中等速度有从容不迫之感，快速度会产生紧张的效果，慢速度则有松散之感。当然这也不是绝对的，有时候，两种截然不同的速度在短时间内相继出现时，也会使音乐产生特殊的效果。

## 第四节　民族声乐教学的基本法则

### 一、声乐教学应遵循声音的客观性

人声的发音体是声带，声带的条件在很大程度上决定了发音的高低、音量大小、音色的状况。声音条件是天生的，通常情况下，声带长而宽厚与短而窄薄相比，在用相同气息量冲击下，前者振动的次数比后者少，发音稍低；后者常被称为"唱高音的嗓子"。但是，这并不是绝对的，因为声部的划定并不能只听音高，还必须以音色作为参考条件。

歌唱者应该根据自身的条件，唱出力所能及的音，即便是扩宽音域，也应循序渐进，一旦超过了自身的承受能力，便会造成嗓音嘶哑甚至声带病变，给自己带来不必要的损失。早期训练时，要认真鉴定自己属于哪个声部，认真唱好中声区的每一个音，然后才逐步地练出高低音区。在此，要特别向歌唱者提出忠告：切忌乱喊高音。歌唱活动中，许多不会欣赏音乐的人往往以高声、大声来评定其歌唱水平，这是不可取的。事实上，中声区是歌唱训练的重点，中声区如同高楼大厦的地基必须稳定牢固，练好了中声区，才能往高音区扩展，训练高音时才会获得事半功倍的效果。所以，声乐教学必须遵循声音的客观性。

## 二、声乐教学应遵循方法的科学性

遵循方法的科学性首先要有很好的科学演唱方法，从生理角度看，每个人的声音都存在着很大差异，除了声带条件外，共鸣腔的打开和使用，起着关键作用。教师在授课前要全面了解学生的嗓音状况，根据其长处和所存在的问题，制订教学计划。比如，演唱者虽然歌唱欠佳，但嗓音条件很好，只是方法不对，这可以通过科学的训练来解决。

教师应根据不同的学生选择不同的训练方法和手段，根据个人的特点，塑造个人的声音，把每个学生的优点挖掘出来，充分发挥特长，扬长避短。不管你原来的基础是真声、假声或是混声，都要进行科学的训练，将方法与技巧融会贯通，歌唱者则可以演唱不同的类型的歌曲。

## 三、声乐教学应遵循作品的风格

中国民族声乐的根本特点在于它特别强调咬字的准确和真切，讲究字的头、腹、尾，讲究行腔的抑扬顿挫和韵味。民族声乐以演唱艺术的情真意切和演唱风格的民族韵味为根本。民歌唱得好，旨在作品风格把握得好。怎样掌握歌曲风格，怎样运用声音，教师应在教学过程中引导学生学习和探索。学生在课堂之外还应多听、多看、多学、多唱，多观察唱得好的人是如何表现作品的，这样对自己也会有所启发。

"用心去歌唱""带着感情去歌唱"，这是众人对歌唱艺术的普适理解。古人曰"感人心者，莫先乎情"，当歌唱者能理智地运用丰富的感情并使用优美的声音，再结合一些适当的表演，去综合展现一首声乐作品时，一定会给听者带来不一般的感受，也定会使声乐作品得到最好的体现。只有声情并茂、技艺结合，才能使歌唱达到感人的境界，产生沁人肺腑的艺术效果。

民族声乐艺术，是歌唱者在尊重原作、忠于原作的前提下，根据自己对声乐作品的深刻理解进行艺术处理与加工，将声乐技巧同民族声乐的艺术表现密切结合而演唱出来的过程，也可以说是歌唱者对歌曲的二度创作。由此，可以说歌唱者的艺术再创造，就存在于对歌曲作品的演唱过程之中。

## 四、声乐教学应遵循因材施教、循序渐进的规律

在民族声乐教学中，学生的嗓音条件、演唱水平、音乐基础、文化修养、思想素质、艺术趣味、性格爱好以及年龄、身体和心理素质等都各不相同，以上诸多的个体差异和个性特点，要求教师在教学中依据每个学生的具体情况，制订不同教学方法，有的放矢地进行教学，即因材施教。

在教学中，教师应运用各种方法分析、认识和解决学生在演唱与实践中出现的各种问题，这样才能避免教学中减少盲目性和片面性，尽可能地不走或少走弯路。在民族声乐教学中，歌唱者既是"乐器"，又是演奏者。因此，声乐训练的过程就是制造歌唱乐器的过程，这就意味着歌唱者必须要经过一个由浅入深、由易到难、日积月累、反复磨炼的循序渐进的过程，才能掌握歌唱的技能技巧，完成对自身较高演唱水平的打造。

民族声乐教学中的循序渐进，首先体现在声音训练的基本步骤上，即要遵循一定的顺序。从自然声区起步，打好中声区的基础，过渡好换声区，进而发展高声区，达到声区的拓展与统一，从而完成制造歌唱乐器的过程。以上步骤在教学中是交叉进行的，切忌操之过急，急于求成。例如还没有扎实地打好中声区的基础，就过早地扩展音域，过多地练习高音，追求音量，甚至想寻求一条捷径，一举成功，其结果往往适得其反。教学中的循序渐进，也体现在解决学生歌唱发声中存在的问题上，要分阶段、有主次地进行。如在一个时期或一个阶段应重点地解决好学生存在的一两个突出的问题，使学生有突破性的进展，绝不能头痛医头、脚痛医脚，或眉毛胡子一把抓，使学生无所适从。

教学中的循序渐进，还体现在选择曲目教材的难易程度上。在选择曲目教材时，应按照学生个体差异，从浅入深，由易到难。同时，在选择曲目教学时，不能仅看发声技术上的难易，还要看音乐表现上的难易。在歌曲的音乐表现上，也应遵循由易到难、由简单到复杂的循序渐进原

则。绝不能把发声技术与音乐表现看成是独立的两块，要把二者有机地结合起来。同时还应注意既要防止互相攀比、好高骛远、贪大求难，也要防止谨小慎微、过于保守、停滞不前。循序渐进既包括了声乐训练基本步骤方面的循序渐进，也包括了曲目教材难易程度方面的循序渐进，因此，它在民族声乐教学中是非常重要的。

民族声乐是民族文化的重要组成部分，民族文化是一个民族延伸和发展的灵魂与根基，作为音乐教师具有传播民族文化的义务与责任。只有这样，我们的民族文化才能更好地发展，才能永远屹立于世界民族之林。培养民族声乐人才的基础工作在于中国民族声乐教育。中国的声乐学派是几千年来中华民族古老文化的艺术结晶，是中华民族特有的历史文化、表现方法、审美情趣在声乐艺术上的综合反映。丰富多彩的民族语言和光辉灿烂的中国传统文化，孕育了中国民族声乐这一闪烁着中国人精神和智慧的艺术形式。作为音乐教育工作者，我们要牢记使命，不遗余力将我国民族音乐不断发扬光大。

# 第六章
# 新课程标准视域下的中小学器乐教学

　　学习演奏乐器，是中小学音乐教学的重要内容，是提升学生核心素养，促进学生全面发展的重要方面。1992年，原国家教委颁发的《九年义务教育全日制小学、初级中学音乐教学大纲（试用）》中明确提出了增加乐器教学的内容，并于1995年召开了中小学乐器教学研讨会，指出要让每一个中小学生至少要掌握一种乐器的演奏。2005年，全国首届器乐教学研讨会在广州召开，成立了中国音乐教育器乐学术委员会。提出了"要形成中国特色的器乐教学方法体系"。2008年，第二届器乐教学研讨会召开，规划出我国中小学器乐教学的发展前景，推进了音乐课堂器乐教学的进程。《义务教育艺术课程标准》（2022年版）中指出："器乐教学对激发学生学习音乐兴趣，提高对音乐的了解、表达和创造力有着十分重要的作用。""可采用各种演奏形式，以学生普遍学习乐器合奏为主，鼓励学生从实际条件和兴趣爱好出发，在普遍参与中发展自己的特长。"其中进一步明确了器乐教学在音乐教学中的重要地位，使器乐教学成为音乐教学中重要的教学内容和教学手段。

# 第一节　音乐课堂器乐教学的意义和作用

## 一、提高学生学习音乐的兴趣

要让学生积极主动参与到器乐学习的实践中，兴趣是最好的教师，也是学生学习成功的重要动力。美国现代心理学家布鲁纳指出："兴趣是一种特殊的意识倾向，是动机产生的重要原因。"当学生产生这种学习倾向时，他们的兴趣就油然而生。在器乐教学中，兴趣最浓的要数开始阶段，但要使这股"劲"维持下去，也并非易事，因为一些机械的、单调的技能训练，会使学生丧失学习的好奇心，学习兴趣也会慢慢减退，因而，我们要通过多种方式方法来激发和保持学生的兴趣。这就要求教师因势利导，改进教学方法。

例如学习竖笛，控制气息对于初学的小学生来说比较难掌握，一般会出现气流过猛的现象，这时教师可先通过游戏、比赛的方式来帮助学生掌握呼吸的方法。例如，让学生深吸一口气保持几秒钟后，轻轻地做吹纸条练习，把纸条吹起，与地面形成30度角；或让他们回家练习吹蜡烛，使蜡烛轻轻地摇晃而不灭；还可在课堂上搞小组或个人的比赛，激发学生的兴趣，使学生掌握气息的控制能力，达到平缓、均匀的要求。此基础上再进行吹竖笛的练习，并要求学生一边吹，一边用耳朵分辨音色的差异。最初应从中音区开始学起，当吹出音后，再指导学生做长音练习，这样可以训练对气息的控制，为吹奏高、低音区打下良好的基础。当学生能吹出两三个音后，教师不应继续教学新音，而应把吐音、连音、节奏等练习穿插在教学中，让同一旋律加入不同的吐音、连音，以训练学生脑、口、眼、耳、指的配合。为让学生更好感知和表现音乐，教师一方面让学生拍节奏及用打击乐器等方法来进行节奏训练，另一方面，可教学生分组用竖笛吹奏协和音程，让学生进行简单的即兴创作，让学生进行同向、反向的节奏练习并结合简单的形体律动，等等，不但可加强学生的节奏感，而且可提高学生的竖笛演奏水平。随后把上述的吹奏技术结合在简易的歌曲、乐曲演奏中，既可让学生学起来有新鲜感，也可使学生们乐于接受。

## 二、有助于学生掌握音乐基本知识和基本技能

在音乐课堂教学中，乐器进课堂后改变了以前单一的教学模式，大大充实了音乐课堂。教师可从听、看、唱、奏、伴（一部分学生伴奏、一部分学生歌唱）、创等手段让学生通过多种途径去感受、体验音乐，也可以引导学生善用竖笛拓宽想象空间，把音乐创造教育和审美渗透相结合，激发学生的创作欲望，培养学生的创造性思维，提高学生的创造力。在音乐课上，笔者喜欢要求学生把乐曲的主题旋律用竖笛作为视奏练习，哪怕是几小节，这样做不仅让学生能更好地掌握作品的主题旋律，而且可潜移默化地提高学生的视谱能力、节奏感、对音高的概念和竖笛的演奏技巧。例如，古曲《小小羊儿要回家》一课，在学生掌握吹奏梅花主题的同时，还让学生用高音、中音、次中音和低音竖笛来吹奏主题，感受和体验不同音色来表现梅花的各种神态，最后创作自己的竖笛版的变奏，从而让学生深刻体会到音乐深远的艺术魅力。

在演奏有一定难度的新乐谱时，教师应及时从旁指导，让他们先唱一唱、练一练难点节奏，然后又让他们边跟着钢琴唱，边在笛子上按指法，在唱谱的同时分析一下乐曲高低抑扬的旋律变化和轻重缓急的节奏安排，认识节奏、旋律与音乐作品所要表现的情绪之间的关系。在此基础上才让学生自己演奏。这样做既能锻炼学生的视唱、视谱能力，为音乐的表现打下良好的基础，也开发学生智力，形成、发展、升华自身的情感和美感。此外，听是重要的一个环节，当学生可灵活吹奏乐曲后，教师可以请一些学生在班上演奏，让同学们听一听、评一评，看哪些地方吹得好，哪些地方欠佳，从听和评的实践过程中发现问题，既锻炼了学生的胆量，也能让学生少走"弯路"，提高他们的演奏水平。

### 三、培养学生的动手和创作能力

音乐课堂提倡让学生"动"起来，如动口、动手、动脑。其中器乐教学充分体现了让学生动的能力。在课堂上，通过演奏，让学生眼、耳、手等得到协调发展，激发了学生思维的多向性，这是其他学科和其他学具所无法取代的。科学研究表明：左脑擅长逻辑思维，左脑控制着右手、右脚、右耳等人体的右半身神经和感觉，而右脑则控制着左半身的。学生们在演奏器乐的过程中，手指、眼、耳要协调动作，左右大脑皆处于兴奋状态，学生通过复杂的思维活动（看、认、想、奏）得到综合的技能训练，在潜移默化中受到陶冶和锻炼。学生在演奏时，当大脑接收到视觉神经从乐谱上传给的"信息"后，必须马上做出判断，再发出"信号"，指挥眼、耳、手指等毫不犹豫地做出准确的反应，协调动作。若稍一迟疑，则会错过"良机"，影响到作品的表现。正是这种"时间感""紧迫感""共存感"的锻炼，提高了学生敏捷性。

### 四、培养学生的综合音乐能力和集体合作精神

器乐教学要特别注重合奏练习，因为合奏的运作必须将演奏技能、音乐表现融入合奏演绎之中。合奏的行为是集体行为，就像一个小型社会的缩影，要求各声部各司其职、各尽其责、共同协作完成作品的展示。而音乐教学特别是其中的器乐教学在培养学生多方面合作意识，让学生在合奏实践过程中认识自己所处位置的职能作用和对整体的影响，促进其合作能力的形成等方面有着不可替代的作用。

器乐教学面对的是全体学生，在合奏教学中我们通常遇到这些情况：有些同学喜欢大声吹奏，总想盖住另一个声部，使声部间形成竞抢节奏；有些同学调式不稳，易倾向于旋律流畅的声部而跑调；有些同学不看指挥，该停不停，该吹不吹，影响其他同学正常吹奏。对于这些情况，教师应加以相应的引导，如喜欢大声吹奏的同学聆听老师与吹得较好的声部的范奏，体会到合奏中声部和谐的重要性；对喜欢抢节奏的同学可以

采用同样的方法，对不看指挥的同学，就让他们多听听优美的音乐，特别是在宁静处，突然吹一个音出来，形成鲜明对比，使他们明白集体合作的道理，认识到合奏是"众人划桨开大船"，要听从指挥，相互配合。这样，在多次合奏训练后，效果一次比一次好，音乐的情境美也在优美的和声中体现出来，给学生带来成功的喜悦。

"乐从心生"，音乐表演是艺术创作的全过程中的一个关键环节。良好的表演合作意识能够促使技能技巧向艺术美的方向升华，进而激发整体音乐审美情感的生动表现，是充分激发学生的艺术想象力的平台。在器乐合奏教学中，要针对不同的演奏形式提出不同的表演合作要求。齐奏时，要引导学生准确把握乐曲的情绪，要有统一的分句，力度，速度变化要协调一致。分声部合奏时，首先要对各声部的演奏提出明确的要求，使每个声部成为一个相对独立的表演整体；其次，各声部间更要配合默契，通力合作。伴奏时，要告诉学生，伴奏时既不可喧宾夺主，更不可可有可无。

器乐进课堂是使学生更好地感受、理解、表现、创造音乐的重要手段，有利于学生掌握音乐文化，提高音乐素质。总之，竖笛教学给我们的音乐课注入了活力，给我们的校园生活带来了更多的欢乐，也丰富了学生吹奏乐器的知识，提高了学生的审美水平，加强了民族精神和民族文化意识。

### 五、提高学生音乐综合技能

在小学音乐课中，最难的一项内容就是识谱教学。单纯的识谱既抽象又枯燥，除了让学生聆听琴声、视唱，或教师范唱，没有更好的途径，学生很被动也不感兴趣，现在有了竖笛，教师在讲解乐谱知识的同时，利用竖笛固定音高的特点，边听奏边打拍子，让学生反复体会音高、节拍、节奏等音乐要素，让他们在吹奏中领会、消化、巩固。如在教学过程中，练习新的视唱旋律时，由于许多学生视唱新的曲谱不易唱准音高，且学生年龄小，嗓子娇嫩，过多地练唱易使嗓子处于疲劳状态，少数害羞和嗓音条件差的学生干脆不唱。而竖笛有固定音高，有准确的指法就有标准音准，生动且富有直观性。学生在吹奏中听到音高，会自然而然地产生音感，教师不需要弹奏钢琴，让一部分学生用竖笛吹奏曲谱，另一部分学生视唱，然后交替进行；对把握不准的音高，也可以借助竖笛准确的音高，再进行练唱。这样学生的识谱能力就大大提高了。

## 第二节　音乐课堂器乐教学的策略和方法

### 一、音乐课堂器乐教学的策略

#### （一）分层次教学

在学习乐器的过程中，学生在学习能力上表现出一定的差异，这与学生自身的理解能力有一定关系。因此，教师必须进行差异化和等级化的培训，以便有目的地为学生制订学习计划。教师需要根据音乐背景和学生的学习能力来备课，以便所有学生都能获得适当的指导，其中抽象而复杂的理论知识较难被学生学习吸收，特别是那些演奏乐器基础薄弱的学生，所以因材施教就显得尤其重要。

例如教师在教学《凤阳花鼓》这一课时，教师可以让学生根据自己的特长拿自己喜欢的乐器，并介绍、演示其演奏方法。对于音乐基础比较好的同学，可以让其一边演奏，一边做肢体律动。

#### （二）促兴趣教学

开课之前，教师必须对学生所感兴趣的音乐展开研究，并仔细聆听学生关于音乐课程的建议与想法，对学校的具体要求做出高度反应，制订教学方法，并根据学生掌握知识的具体情况，设计出不同层次的培养方法。兴趣是学习者最好的导师，学生对学习音乐感兴趣，才能提升教师的音乐教学质量，教师应引导学生积极参与互动，抓住学生的兴趣点，为学生创造一个新鲜而引人入胜的学习环境。

例如《姹紫嫣红》一课，昆曲是中国传统戏曲艺术的珍品，教师可以带领学生用鼓、板控制演唱节奏，以曲笛、三弦为主要伴奏乐器，探索中国戏曲文化的博大精深与悠久的历史，提高学生对乐器演奏以及音乐学习的兴趣。

### （三）设多元教学

在新时期的演奏音乐的环境中，声乐老师不但要给学生介绍基础的知识，为学生创造实践操作的平台，更要通过互动环节，缩小学生间的差距，创造良好的教学氛围，以减轻学生因不了解音乐知识而产生的畏惧心理。教师可以使用多媒体课件播放学生喜欢的音乐，或者让学生观看更多的古典音乐剧来培养兴趣，让他们尽可能多地学习乐器知识，以发展学生的创造力和思维能力。

例如《樱花》一课，该歌曲是一首日本经典民歌，是由特殊的五声音阶谱写而成。教师可为学生播放一首《浪漫樱花》，让学生跟随动感的音乐进入教室，然后为学生展示带有日本樱花的美丽景色，随之进入本课的"樱花主题"，伴随着钢琴的演奏，学生感受悠扬的歌曲。

实践证明，以上做法让学生既从理论上巩固了基本乐理知识，又立体地感受了各种音乐符号的音响效果。而且，当同学们听到自己用竖笛吹奏出的歌曲旋律时，动听的音乐就会使他们的自信心随之增强。这种吹一吹，唱一唱，能吹则吹，能唱则唱的灵活教学方法，既调节了课堂气氛，又激发了学生掌握乐理知识、提高视唱技能的兴趣。

## 二、音乐课堂器乐教学的方法

### （一）科学设计目标

为有序地实施竖笛教学要求，小学音乐教师在制订教学目标以及设计教学内容的过程中，依据学生的心理和生理特征，综合考量学生的能力发展要求及认知规律，确保目标和内容的设计能够满足学生能力发展的要求，激发学生对竖笛吹奏的兴趣，进一步培养学生的音乐审美修养。

### （二）适当把握难度

竖笛教学应坚持适度原则，确保教学活动能够培养学生的音乐素质和非音乐素质能力，为学生的综合全面发展打下基础。学生的音乐素质培养目标可设定为：掌握竖笛的颜色以及特征，学习和探索竖笛吹奏的不同方法；初步体会音色配置的对比规律，并掌握初步和基本的节奏语；学会一定数量的竖笛作品；能够为不同性质的音乐进行即兴伴奏。学生的非音乐素质培养目标可设定为：能够自觉遵守竖笛吹奏的相关规则，并且能够爱护竖笛器乐，养成良好的学习习惯；积极参加竖笛音乐活动，并能在学习中学会创造；在竖笛吹奏学习的错过程中，控制自己而不影响其他人的正常学习。

### （三）合理选择内容

音乐教师为学生选择的竖笛教学内容要适合学生的发展需要，具体而言可从三个方面入手：第一，竖笛乐曲风格适合学生且能满足学生成长需要。低年级学生的竖笛教学可以选择学生较为熟悉且节奏欢快、旋律简单的乐曲，如《卖报歌》；高年级学生的竖笛教学可以选择节奏感强、竖笛技巧较为丰富的经典乐曲，如《雪绒花》。第二，对竖笛教学的内容结构进行优化调整，逐步形成以认谱、鉴赏、演唱、吹奏为中心的内容结构。第三，在学生深入学习竖笛相关知识的过程中，逐步增加多声部乐曲训练。

### （四）强化教学秩序

小学生有贪玩和活泼好动的性格特征，不少学生往往在教师指导之前随意吹奏，破坏教学氛围。因此，音乐教师需先行强化教学秩序，规范学生的吹奏行为。

采用设计口令的方式保障课堂秩序，为避免学生不听指导而随意吹奏，教师可设定统一口令，规定学生将竖笛放在指定位置，并在教师指导之下进行竖笛学习。在引导学生进行指法练习时，教师可要求学生不将吹嘴含进嘴里，而是先边按指法，边轻唱旋律，使学生能够快速熟悉乐曲旋律，并帮助其掌握音准。

### （五）采用小组互学互教的方式开展器乐教学

在音乐课堂上，一位教师往往会面对多个学生，很难开展一对一教学，况且学生的领悟程度又各有不同，极易造成两极分化现象。针对这样的情况，教师可以有效引导学生开展小组合作学习，鼓励小组同学之间进行互教互学，来改善以上问题。教师需要对小组的学习情况进行指导和观察，引导学生掌握小组合作学习的方法和技巧，帮助学生养成合作习惯，指导他们合理地运用合作方法。教师还要鼓励掌握程度高的学生帮助学习能力差的学生，并根据学生的表现按照奖惩机制给予评判。另外，教师也要鼓励学生互相监督，及时指出对方的错误，促进学生共同进步。

### （六）重视与多种教学形式的结合

教师要善于将竖笛教学和其他教学形式结合起来，让竖笛练习变得灵活多变。例如，教师可以鼓励学生利用竖笛进行视唱练习，先让学生掌握节奏，再引导学生通过自学的方式自行唱出视唱作品；教师也可以让学生用竖笛学习歌曲、合唱以及合奏。通过这些方式，学生的乐感和节奏感会得到很大程度的提升，同时也能让学生在团结写作的过程中实现共同进步。

### （七）充分发挥器乐教学的实践作用

重视器乐教学中的情感培养。人民音乐家冼星海说过："音乐是人生最大的快乐，音乐是生活中的一股清泉，音乐是陶冶性情的熔炉。"情感美，是音乐优化审美功效的重要标志，音乐是情感的艺术。与其他艺术相比，音乐能有力地移植人的情感，也能更直接地进入人的情感世界，情感在音乐教学过程中是最为活跃的心理因素，既是音乐审美感受的动力，又是音乐教育的目标之一。竖笛综合实践课能满足学生好动、求乐、爱美的要求，他们对丰富多彩、形式多样的音乐活动有着强烈的参与意识和表现愿望，同时学生也能自觉地服从集体，严守纪律，步调一致，互相配和，养成集体主义的思想品质。

### （八）积极开展各种课外活动

教师还可以将课本教学和课外活动结合起来，鼓励学生将自己学会的乐曲吹奏给家长听，为学生组织丰富的吹奏比赛等活动，让学生大胆站上表演舞台，帮助学生树立自信心。

总之，实施器乐教学是推进音乐教学的现实需求，同时也是对学生进行器乐启蒙，培养学生的音乐感知力和协调性，提高音乐学习兴趣的重要举措。合理设计教学目标和教学内容，强化树立教学秩序，并采用灵活多样的竖笛教学方法培养学生的音乐素质，相信可以让竖笛教学更有成效，让音乐课堂真正成为孩子们的艺术天堂。

## 第三节　音乐课堂器乐（竖笛）教学的模式样例

竖笛课堂教学中的两种教学方式：竖笛整合课教学模式和竖笛合奏课教学模式。

### 一、竖笛整合课教学模式

#### （一）竖笛学习与唱歌教学相结合

#### 1. 用竖笛辅助新歌教学

在《草原上》一课中，老师先用竖笛范奏，范奏是最直观的教学，它可使学生得到启示并进行模仿。然后师弹钢琴，学生用竖笛进行不出声的指法练习即哼唱歌谱，手指按唱音变化指法，一小节一练，一句一练。再进行轻声吹奏旋律。最后采用师生接龙奏法即教师吹奏第一、三乐句，学生吹奏第二、四乐句，然后进行交换，以提高学生学习的兴趣。请一些吹得较好的学生充当"小老师"，让他们上台表演，起到带头作用，因此这首曲子学生最多用六七分钟就能掌握。此时，学生对歌曲的旋律音高已有了大概的印象，这时再来学唱这首歌便十分简单了。教师在范唱时，乐感稍好一些的同学就能在下面跟着轻声哼唱曲调。如此，只需要花上五六分钟，学生便能主动地熟悉旋律，同时竖笛吹奏技术也得到了提高，然后学生再花上五六分钟时间学歌词及歌表演，总共不超过二十分钟的时间，学生便能演唱、演奏并表演这首新歌，如此大大提高了教学效率，达到了事半功倍的效果。

若新歌的旋律较复杂，或者起伏明显，教师可以利用竖笛吹奏歌曲中某一乐句或在乐曲中重复出现的小节来辅助教学。在《原谅我》一课中，教师吹奏较难的小节，而学生吹奏简单易奏的小节，教师吹奏时，学生认真聆听，学生吹奏此处便容易一些，同样也能达到提高教学效率的目的。

### 2. 用竖笛为歌曲做伴奏

学生可以用不同方式为歌曲做伴奏，例如抽取歌曲主干音进行伴奏。在《摇篮曲》一课中，就让学生用竖笛吹奏歌曲的主干音"5，1，3，2"，如此，旋律变得容易掌握，既训练了学生的吹奏技能，又让学生感受到了歌曲中八六拍的韵律感，形成了良好的音乐听觉体验。也可以让学生吹奏音程或和弦为歌曲伴奏，在《白桦林好地方》一课中，让学生用"6，1，3"三个音做和弦吹奏，竖笛和谐的声音与学生纯净、柔美的声音结合在一起，音乐的和谐美、自然美像小河流水一般轻轻地流淌在音乐课堂中，让学生沉浸在美妙的音乐课中。

### （二）竖笛学习为合唱打下坚实基础

到了四年级，音乐教材中出现了合唱歌曲，唱好合唱的关键是要唱好、唱准各声部的音高，但此时再来训练二声部、三声部音准为时已晚。因此，让低年级学生用竖笛进行音准训练非常重要。

在竖笛教学中可以采用分阶段、分层次的训练方法。先将学生分组训练，把全班分成两个声部，分别吹奏 Do，Mi。根据老师的指挥由一组先吹 Do，保持长音，接着另一组吹 Mi 与 Do 保持长音形成三度音程。再把全班分三组分别吹奏 Do，Mi，Sol，形成三声部和声并保持长音，结束时各组依次退出声部。这样学生不仅吹奏自己的声部，还能听到其他声部的音高，在提高了学生学习兴趣的同时，有助于提高学生的辨音能力。另外，还可以让学生进行唱音程训练。分两组唱二声部，可一组唱音，另一组吹奏，循序渐进，不断练习，逐渐提高。不知不觉中，学生已初步掌握了合唱中最基本又最难的和声演唱，对于高年级的合唱课学习便得心应手了。

在四年级《小白船》一课中，歌曲的二声部是难点。经过了一年的训练，同学们已经能够在竖笛的帮助下，自主学习各自声部的旋律，在小组合作中，分工明确，有唱谱的同学，有吹奏的同学，有填唱歌词的同学，学生在合作与交流中掌握了歌曲二声部旋律，在老师的指挥下各组同学合作秩序井然有序，很快就掌握了歌曲的二声部演唱。

### （三）竖笛与欣赏教学

《艺术课程标准》中明确提出学生要能够正确地识读或拍击简单节奏谱，跟随音乐模唱或用唱名视唱简单旋律。竖笛吹奏能够更好地帮助学生进行音乐的欣赏与聆听。四年级的《小步舞曲》一课中，教师让学生在聆听后吹奏音乐主题旋律，帮助学生记忆主题；在完整聆听后让学生随音乐演奏音乐主题，大大提高了学生聆听音乐的积极性，让学生更好地参与互动，走进音乐，提高欣赏教学的效率与水平。

## 二、竖笛合奏课教学模式

合奏练习可以培养学生密切合作、团结向上的良好品德，而视唱教学的目的，是培养学生的识谱能力，提高学生的音乐素养。音乐教学中如果能用竖笛把二者有机结合起来，往往会获得意外的收获。

合奏课教学模式采用多种授课形式。教师可以三种授课形式轮流进行，让学生从中获得进步，自身能力得以可持续发展。

课中课。在大课中上小课，即在 40 分钟的音乐课堂里抽出 10 分钟左右的时间开展竖笛教学活动。练习内容包括竖笛吹奏基本功训练，以及一些歌曲的指法难点，可分声部合作练习。练习方式有无声演奏，口唱手模指法等，还有个别奏、小组奏、集体奏、师生对奏等。

课后课。这种形式比较灵活，可以随时随地进行。利用课后的一切时间，如课间十分钟、早读前、放学后等，找老师或小老师汇报学习成果，还可将竖笛带回家练习。

交流课。交流课就像一个班级音乐会，有主持人和节目单，每学期期中、期末各一次。交流课以竖笛为主，以学生为主，是学生互相观摩、共同进步的一个平台，老师可作为特约嘉宾参与表演。与课中课的表现形式不太相同，作品的选择多样性，可以吹奏老师教的，也可以吹奏自学的。学生必须事先商议排练好一个作品，再以音乐会的形式表演。合奏课教学模式的优势在于：

1. 从苦学变成乐学。学生时而站着吹，时而走着吹，不断变换队形来演奏……同学们都陶醉在音乐之中，从表演到选作品等，做得非常认真、投入。

2. 竖笛合奏变得趣味化，生活化。台上的表演是辉煌灿烂的，悠扬的笛声令人陶醉，而日常的训练往往比较枯燥，学生的兴趣也容易发生转移。所以，音乐教学的趣味性，是要变单调为丰富多彩，变刻板为生动活泼，变机械为愉快灵活。在竖笛教学过程中，教师可以经常用一些有趣的指导语言来活跃练习的气氛，让学生在轻松的氛围中掌握技巧。教师示范演奏时边演奏边讲解，并通过演奏姿势、气息控制、指法运用等，唤醒孩子们的形象思维，快速地把他们好奇、好动、模仿力强的特性凝聚到竖笛上来，用教师艺术的魅力激发孩子的音乐兴趣。

三年级第二节竖笛中，让学生吹奏乐曲《我有一只小羊羔》，在此基础上创设不同情境，让学生在有趣的模仿、演奏、合作中掌握竖笛吹奏技巧。

**（一）学习吹奏乐曲《我有一只小羊羔》**

（1）随钢琴视唱乐曲旋律。

7 6 5 6|7 7 7–|6 6 6–|7 7 7–|7 6 5 6|7 7 7 5|6 6 7 6|5– – –‖

（2）随钢琴空笛练指法。

（3）随钢琴空笛练吐奏。

（4）自由练习吹奏乐曲。

（5）随钢琴齐奏乐曲。

（6）随伴奏齐唱歌曲。

（7）随伴奏齐奏及齐唱歌曲。

**（二）用竖笛模仿生活中的声音**

（让学生了解音乐起源于生活的道理，学会在生活中找音乐，用音乐表现生活）

师：竖笛不仅可以演奏美妙的音乐，还可以模仿各种生活中的声音，先听听老师吹奏的是什么——

5 6 7|1 – –|（上下课铃声）

生：上下课铃声。

1 4 1 4|1 4 1 4|（救护车的声音）

生：救护车喇叭声。

师：同学们开动脑筋，想一想你能用竖笛模仿什么样的声音。

（学生们自由想象，充分发挥）

**（三）拓展教学**

师：同学们真是太棒了，小使者的四个任务都难不倒你们，下面就让我们快点来看看他要带我们去的目的地是哪里吧。

（小使者：同学们，今天我们音乐之旅的目的地就是——快乐农场。让我们一起来看看吧）

（1）欣赏农场风光。

（将各种动物的叫声和乐曲《我有一只小羊羔》串成一个小故事，让学生在故事里感受音乐）

师：农场里面可真热闹，有这么多的动物，同学们，你想不想和它们一起玩啊？

生：想——

师：老师这里有一些打击乐器，你们手里有竖笛。下面，你们以组为单位讨论一下，想用什么形式为这些动物和乐曲伴奏。

（2）以小组为单位，用打击乐器、竖笛或人声为故事情节伴奏。

一组用碰铃模仿太阳升起的情景。一组用铃鼓声模仿小溪流水的声音。一组用竖笛模仿小鸟的叫声。一组用双响筒模仿马蹄声。一组用木鱼模仿小狗的叫声。

（3）在上一练习的基础上，用各种打击乐器、竖笛、人声为乐曲《我有一只小羊羔》伴奏。

一部分同学用打击乐器以各种不同的节奏为乐曲伴奏，一部分同学用竖笛吹奏乐曲旋律；一部分同学用竖笛吹奏"5 55|5 55|"为乐曲伴奏；一部分同学唱《我有一只小羊羔》的歌词。

（4）综合表演。

以上面两个练习为基础，学生以"快乐农场"的故事为背景进行综合表演。

**（四）学习吹奏歌曲《如今家乡山连山》**

通过竖笛辅助音乐教学，提高识谱能力，使唱歌和竖笛有机结合，提高学习兴趣，为合唱打下坚实基础，探究出自主学习的教学方法。

（1）手指热身，巩固指法。

教学前教师带领学生进行手指热身，可以做长音单音练习，也可以根据歌曲合唱部分的旋律做音程练习。

3 — | 1 — | 3 — | 5 — | 6 — |

6 — | 6 — | 1 — | 2 — | 3 — |

还可以复习吹奏以前的歌曲，练习学生的气息，巩固竖笛吹奏指法。

（2）竖笛吹奏，难点突破。

运用竖笛帮助学生突破歌曲难点（准确、和谐、悦耳地合唱）。先用竖笛分组吹奏女孩的笑声和妈妈的笑声，两组自学吹奏各自的声部，熟悉声部旋律。然后一组唱音，另一组吹奏，再交换，最后再合唱。以上步骤为歌曲学习做好了铺垫。

（3）吹唱统一，提高识谱。

高年级的识谱一直是教学的难点，在提高学生的识谱能力方面，竖笛吹奏练习有重要的作用。本课教师可利用竖笛辅助识谱。教师在学生聆听旋律时画出旋律图谱，学生用手画着旋律线默唱两遍，基本掌握旋律的节奏，然后让学生分乐句吹奏，先唱指法学习第一乐句，然后老师指挥，学生齐奏第一乐句，最后比较第一、二乐句，找出它们的相同之处和不同之处，根据第一乐句的学习方法，试着吹一吹第二乐句。按以上方法自学吹奏第三乐句，教师依据吹奏情况辅导。第四乐句和第三乐句相同，学生可直接吹奏，教师弹琴伴奏。将学生分组，一组唱旋律，一组吹奏，教师弹琴伴奏。此节课的识谱练习轻松愉快。

**（五）做好基本功训练，打牢吹奏基础**

刚开始学习竖笛，师生都有新鲜感，也都想快点学会吹奏，但我们切不可操之过急，否则，一些乐理基础差的孩子会跟不上。因此，在竖笛教学初始，笔者就十分重视对学生的基本功训练，在第一次接触竖笛时就要提醒学生按孔时手指放松，用指肚去按孔时要找到实按和虚按的感觉，让学生慢慢体会。用示范法、手指练习法，让学生练习音阶和指法，为让学生迅速而准确地吹奏出音阶中的任何一个音，笔者用打乱音阶的顺序进行单音吹奏练习，采取小组竞赛的方法练习指法，增加练习密度。在学生扎实地掌握了各个音符的指法后，再让学生在呼吸方法以及不同音区口风的运用等方面多下功夫。初学时，学生都不会控制气息，就影响了口风的运用，常出现低音吹"冒"，中音吹"燥"，高音吹"啸"的情况。通过比较口风的强弱，以及不同程度的口风在各音区运用所发出的声音，使学生懂得吹低音时应该把唇肌放松，用宽松缓慢的口风来吹，才能吹出饱满的低音；中音区的口风较低音区稍强一些，才能吹出圆润、华丽的声音；吹高音时，口风要紧一些，唇肌微缩，让气流细细地吹出来，这样吹出来的高音才明亮悦耳。

由于竖笛的音域比人声宽，因而通过竖笛进课堂，学生对音高的实际感受，由一般人声唱的，以中央 C 到 E（音域＋度），向两极大大扩展，从而开阔了学生对音域的认识与识别，具有很强的可操作性。使乐曲表达的意境、情境更加完美了。这种教学的结果是：同学们学得认真，学得颇有兴致，对音乐的理解与感受更深刻、更准确了。通过竖笛进课堂，学生学习音乐的兴趣提高了；通过竖笛吹奏练习，学生的音准、节奏、视唱、听音等各个方面已有了全面的提高，竖笛进课堂培养了孩子们的自信心，培养了孩子们的团队合作精神，有效调动了他们的学习积极性，培养了他们自我表现的意识，同时提高了老师的教学水平，提高了音乐课堂教学质量。

# 第七章
# 山东黄河民谣的时代活化及融入中小学音乐课程的实践研究

根据中共中央、国务院印发的《黄河流域生态保护和高质量发展规划纲要》精神，依据《义务教育艺术课程标准》（2022年版），我们组织开展了"山东黄河民谣的时代活化及融入中小学音乐课程的实践研究"，本研究坚持以中华优秀传统文化为主体，讲好中国故事，吸收、借鉴人类文明优秀文化成果，追求精神高度、文化内涵、艺术价值相统一，发挥音乐学科优势，培养学生核心素养，更好地实现立德树人教育目标。

## 一、活动促进，营造"山东黄河民谣进课堂"浓郁氛围

### （一）开展多项活动，将山东黄河民谣根植于学生心中

第一，传唱山东黄河民谣，传唱自己文化自己家乡的歌活动，在不同年级定期展开山东黄河民谣传唱活动系列，帮助学生了解家乡、热爱家乡，形成文化认同感和归属感。

第二，利用寒暑假期开展"山东黄河民谣"采风活动，探索黄河民谣的起源与历史发展脉络及进程，意识到黄河文化需要保护，让黄河民谣活化，从而让学生真实感受黄河民谣的魅力，让黄河民谣得以传承与创新。

第三，组织山东黄河民谣合唱团，感受山东黄河民谣魅力。组织戏曲名家讲堂、曲艺名家讲堂、黄河民谣赏析等活动，排练山东黄河民谣节目，在学校培养一批具有丰富音乐、表演、绘画等艺术体验的热爱音乐的"山东黄河民谣传承人"。

第四，开设黄河民谣校本课程必修课，与相关课程融合。配备专项教师，将山东黄河民谣引入课堂，探索独具特色的校本课程，尽可能全面地认识山东黄河民谣的存在方式。除此之外，进一步研究如何将山东黄河民谣课程与语文等课程相融合。切实将山东黄河民谣教育措施落实。

**（二）山东黄河文化进万家，让优秀传统文化在家庭中落地生根**

第一，开展"山东黄河民谣进家庭"大讲堂，为更好地向家庭传播山东黄河民谣，以学校为载体，社区家长学校为依托，成立"山东黄河民谣"讲师团，定期向家长解读和演唱经典山东黄河民谣，介绍黄河口地区的节日风俗、文化历史、名胜古迹等。鼓励家长带领学生走出教室，奔向大自然。

第二，引导家长讲述家庭黄河文化传承故事，在学校定期组织"我的家乡民谣故事"活动，引导学生家长在家庭教育中传承黄河民谣故事，结合民谣诵读方式传播山东黄河民谣，使其成为家庭教育的源头。

**（三）打造学校山东黄河民谣特色建设，推进"山东黄河民谣进校园"**

校园文化建设是学校综合办学水平、个性魅力与办学特色的重要体现，也是学校培养适应时代要求的高素质人才的内在要求。结合校园实际情况，打造学校独具特色的黄河民谣长廊，充分利用校园音乐教室的氛围布置，让每一面墙都是黄河民谣的"讲述者"，让学生耳濡目染，感受山东黄河民谣魅力精髓。活动室内外、栏杆、墙面、走廊等处悬挂或张贴与黄河口童谣相关题材的绘画、手工、书法等作品，中小学校担当山东黄河民谣传承的主要阵地。

整理开发民谣教育园本课程资源，在中小学校文化建设中隐形渗透民谣，在常规课程教学中自然融入民谣，尝试建立并持续完善民谣艺术数据库研究。

## 二、课题的具体研究方法

文献研究法。在课题开始之前，研究成员应对有关黄河民谣的书籍、文献、期刊论文、硕博论文、影音资料都进行全面深入的梳理，全面了解黄河，了解黄河文化以及山东黄河民谣的起源和发展脉络，对于黄河民谣的整体体系研究框架和思路有一个相对比较清晰的认知，在脑海中构建出理论框架。

田野调查法。未来在研究过程中，本课题研究成员将会实地走访黄河流域文化发源地、民谣启蒙地及民谣传承等地区，尤其是民谣遗产相对较为丰富的地区，能够在前期实地调研过程中获取非常珍贵的图片、影印等相关一手资料以及走访过程中的访谈资料等研究中非常宝贵的资料。

交叉学科研究方法。黄河民谣的研究绝不单单是某一个或者某几个学科的研究范畴，不仅要从教育学的范畴去挖掘，还应该从心理学、历史学等学科出发，拥有全局观，通过构建一个多元的文化主体，构建一个多元的文化融合理论框架，才能够更加全面深刻地挖掘出每一门学科中所蕴含的文化融入元素，从而为本课题的研究提供更具有说服性的理论体系支持。

## 三、实施具体分工、步骤以及时间划分

本课题的研究划分为三个阶段——

第一阶段：准备阶段。包括前期资料梳理，整理和梳理山东黄河民谣的体系，构建山东黄河民谣的体系，课题组定期组织专题研讨活动，在研究中就遇到的问题共同研讨解决的方法，归纳有效经验，有利于将民谣选入中小学音乐校本课程中。

第二阶段：实施阶段。即实地探访及调查阶段。进行实地的走访，亲身体验黄河文化带给我们的震撼，并收集相关民谣资料，与文化传承人、其他的中小学生及教育工作者进行访谈交流。课题组成员根据课题的操作方案与学校相关建设要求进行实践，对黄河民谣相关的校园建设

及活动组织中出现的实际问题进行及时的反馈与总结。

对学生在学习中出现的问题进行有效的指导，并做详细的记录。积累课题实施中的各种活动案例。

第三阶段：总结阶段。包括梳理课题研究情况，并与研究前的调查进行比对分析，检查是否达到课题研究的预期效果，总结反思，整理课题研究资料，写结题报告，进行结题相关工作。将实施本课题研究的优秀课汇总，装订成册；将围绕本课题研究的论文汇总，装订成册。

## 四、中期报告

自课题立项研究以来，课题组教师不断学习山东黄河民谣文化和校园建设相关知识，积极外出参观学习，线上线下收集资料，思想认识不断提高。围绕打造活力、生态课堂的理念，通过布置校园生态环境，大力举办各项活动等措施，让山东黄河民谣、山东黄河文化体现在学校建设的各方面，校园山东黄河民谣和山东黄河文化氛围日渐浓厚，育人功能不断得到释放。一年里，教师根据课题组成员所在学校的实际情况，开展了许多山东黄河民谣教育活动，推进完成了学校黄河民谣长廊建设工作，具体体现在以下几方面：

### （一）强化理论学习，拓宽新课堂思路

面对困惑，老师们努力提升专业素养，课题组开展"细研学历案，让评价落地开花"活动，购买了《黄河三角洲民间文学研究》《基于课程标准的学历案》《学历案与深度学习》《教案的革命》等参考资料供大家传阅，并写出自己对学历案的认识，选择适合自己学科的评价方式和方法。利用一周的下午大课间时间，进行视频会议研讨交流，课题组成员发言后进行互评，分成优良中差四个等级。其中优秀的发言稿每人一份，进行再学习，找差距，弥补自己的不足。其间，高刚老师做了《黄河民谣教学更新课堂教学评价，焕发课堂教学活力》的讲座，程雪迎老师做了《浅议黄河民谣课堂评价任务》的讲座，提高了老师对评价的认识。经过此次理论研讨活动，课堂中，老师们以音乐审美为核心，重视音乐实践，运用全新的教学理念，充分调动学生的积极性，让学生感知、

理解、表现、创编音乐的能力得到提升，学生在实践中体验音乐，感受音乐的表现力；老师们获取了新知识、新理念，拓宽了新课堂思路。同时对新课堂评价又有了更加深入的认识：一是学历案真正实现了课堂上以"学生为主体，教师为主导，以学情定教法"。课堂上学生是"演员"，老师是"策划、监制、导演"。切实提高了学习效率。二是新课堂教学评价是促进学生自我教育和自我发展的有效方式，可以使新课堂焕发出活力。必须把评价这一环节做实，"评价"就是一颗优良的种子，必须让其"落地并要开花"。

通过理论研讨，课题组提炼出了"目标任务化，任务具体化、评价及时化"的黄河文化和黄河民谣学历案撰写标准。全体老师沉下心来，制作符合自己学科和所在学校学情的学历案，做到没有学历案坚决不进课堂。使用之前课题组重点审核评价这一环节的设计情况及有无评价反思。

**（二）具体活动综述**

第一，在日常教学工作中，渗透山东黄河民谣文化教育。以"传唱自己家乡的歌"为主题组织"山东黄河民谣"合唱活动。根据前期资料梳理，整理和梳理山东黄河民谣，让学生自由选择诵读、吟唱等自己喜欢的方式，对语文课本上的经典民谣和音乐课本中的经典山东黄河民谣进行传唱。组织开展了"民谣传承文明，经典浸润人生"传唱自己家乡的比赛活动。每学期定期开展民谣歌唱和表演比赛，有效提高山东黄河民谣的知名度和美誉度。把山东黄河民谣的挖掘和学习跟合唱教学结合起来。

第二，依靠传统实践活动，延伸山东黄河民谣教育，开展传统节日活动，感受浓郁节日氛围。我校以传统节日为切入点，对一年中若干节日都开展了相应的传统文化主题教育实践活动。让学生感受传统节日的浓郁氛围，体会传统活动的意义。如春节开展了"年味飘飘，我们的传统节日"寻找关于春节的山东黄河民谣系列活动，植树节开展"与绿相伴，向美而生"保护山东黄河生态植树节活动，清明节开展"缅怀先烈，传承山东黄河岸边的红色基因"活动，端午节开展"片片粽叶香，浓浓爱国情"活动，儿童节开展"山东黄河童谣传唱艺术节"活动，中秋节开展"山东黄河文化，自信有力量，情满校园过中秋"活动，重阳节开展"进村居慰问孤寡老人"山东黄河民谣演出活动，国庆节开展"向国旗敬礼"活动。使学生在活动中感受山东黄河传统文化、感受山东黄河文化、弘扬传统文化、传承山东黄河文化、践行黄河流域传统文化。

第三，课题组研究灵活多样的传承形式，让传统文化浸润家庭教育，将传统文化教育融入家庭教育之中，定期开展山东黄河民谣亲子传唱活动。定期开展家庭教育指导讲座，大力培养父母和孩子对山东黄河民谣的兴趣，开展"书香润德"亲子阅读系列活动，开展"书香润德"经典山东黄河民谣诵读活动，这些活动，把山东黄河民谣学习的气氛带入家庭，带入社会，营造了知书达礼，好学求进的书香氛围。

第四，我们利用墙壁、宣传栏等张贴图文并茂的宣传图画，打造山东黄河民谣长廊等，让每一面墙壁都会说话，让静止的画面变成生动的教材，变成无声的老师，变成塑造灵魂的精神家园。潜移默化，让同学们随时接受传统美德的熏陶，达到育人的效果。此外，我们还把校园的"走廊文化"建设成师生展示山东黄河民谣的大舞台，建成书画长廊，定期张贴师生的硬笔书法、软笔书法、中国画等，既是对师生发扬传统技能的一种鼓励，还让同学们的思想浸润在浓厚的山东黄河民谣氛围中，形成了别具特色的文化氛围。

## 五、课题研究已取得的阶段性成果

### （一）制订并完善了相关制度

制订并完善了《校园文化建设实施方案》《家长学校建设制度》《班级文化建设评比准则》等。

### （二）校园环境大为改善

学校建成了山东黄河民谣的长廊，利用走廊空间展示山东黄河民谣的国画创作及以山东黄河民谣为内容的书法作品，建成了书画长廊，形成了别具特色的走廊文化，图书馆建成了山东黄河民谣阅读角等。

### （三）家长学校建设进展迅速

课题组成员所在学校自开办家长学校以来，对家长进行了大量的培训，并探索出五条途径：一是从本校选择部分优秀教师结合学校教材，创新内容，适时利用家长会等途径对家长进行教育。二是邀请市内外家庭教育专家到校举办讲座。三是利用家长会和家长开放日，采取"以会代训"的形式，给全体家长播放全国著名专家的家庭教育理念。四是刊印《家长学校手册》，让家长及时关注学校发展动态。五是从家长和兄弟学校邀请一些育子成功的经验人土现身说法。六是邀请非遗传承人给家长和学生培训。

### （四）主要创新点

第一，挖掘和宣讲山东黄河民谣的当代价值，对山东黄河民谣的当代价值予以重新审视和挖掘，课题组通过传唱家乡的歌活动，引发学生对山东黄河民谣的广泛关注和重视，形成尊崇、传承和弘扬黄河文化的社会风尚。

第二，环境彰显传统文化气息，建成的山东黄河民谣长廊、中华传统文化长廊、书画长廊，让优雅的学校环境和古朴的校园文化浸润在山东黄河民谣文化的氛围中，陶冶了师生的情操，起到了润物无声的功效，创新了"中华优秀传统文化与学校特色建设理论体系"。

第三，依据传统节日，开展各具特色的黄河民谣文化教育活动，定期开展山东黄河民谣传唱活动。

第四，家校合作育人，优秀传统文化进万。让优秀传统文化在家庭中落地生根，让山东黄河民谣时代活化，融入中小学音乐课程，从而让学生真正感受黄河民谣的魅力，让黄河民谣得以传承与创新。

第五，通过体系化、课程化、活动化、普及化、项目化的方式推进黄河民谣教学的开展，在活动开展中促进学生核心素养的提升，传承黄河文化的根与魂。在活动中高效提升学生的核心素养，推动山东黄河民谣研究与创作，捕获灵感，推陈出新。

第六，定期召集合唱团采风，发动和组织学生收集身边的山东黄河民谣，进行主题演出、比赛、音乐会、艺术沙龙等活动，从而有效提高山东黄河民谣的知名度和美誉度。

在对课题研究不断的践行中，取得了一些成绩，但也发现了一些问题，如校园静态环境建设还不够完善，不够精细；山东黄河民谣文化与校园建设的融合需要进一步加强；班级文化建设中须进一步突出山东黄河民谣氛围；家校合作平台建设力度不足；等等。以上笔者将与课题组及校内外同人，不遗余力，日臻完善。

### （五）推进阶段研究工作措施

第一，开展山东黄河民谣特色教育活动，寓山东黄河民谣于各种教育活动中，发挥活动的潜移默化之功效，在活动中陶冶学生的情操。

第二，开发山东黄河民谣校本课程，满足各层次学生学习、个性发展的需要，对已开发的课程进行筛选，保留角度新、内容实、深受学生喜爱的课程，鼓励教师不断开发新的山东黄河文化课题。

第三，开展"山东黄河民谣第二课堂"，组建特色山东黄河民谣传承人社团。

第四，积极开展社会实践活动，开拓山东黄河民谣社会实践基地，开发本地历史黄河文化资源。

## 六、主要阶段性成果及影响

经课题组成员调查发现，山东黄河民谣的民间素材比较丰富，但口口相传难以保证其传承的可持续性，因而需要建立山东黄河民谣数据库，采用文字、图片、录音、录像等形式，对优质民谣进行收集、整理和留存，以便后续查找、使用与创新，据统计，目前总共收集山东黄河民谣100余首。

课题组集思广益，勇于探索，将山东黄河民谣活化于中小学音乐课堂教学中，积极撰写相关教案，并在实际教学中不断完善。举例如下：各方力量全面集结，推动山东黄河民谣迸发生命力，助推黄河文化的开发。

# 音乐综合课山东民谣《花蛤蟆》教案

### 课标要求

（1）让学生感知、体验我国有代表性的地区和民族音乐的风格，能做出恰当判断或反应。形成初级的中国民歌的听觉经验，能模唱短小的民歌片段。

（2）让学生乐于参与各种演唱活动，能用正确的姿势和方法，自然的声音，自信、有感情地独唱或与同学歌曲齐唱。

（3）能运用生活中的物品自制简易乐器，为歌曲伴奏或表现音乐情境。

（4）能进行编创与音乐情绪、特点一致的声势、律动或舞蹈动作，并参与表演。

### 学习目标

（1）反复聆听歌曲，体会歌曲幽默、诙谐的风格以及山东民歌特点。

（2）通过听唱结合、跟琴模唱等方法学唱歌曲，体会方言在歌曲中的作用，感受山东民歌口口相传的特点，能够用方言，生动、形象地完整演唱歌曲《花蛤蟆》。

（3）通过创编节奏、拓展聆听的方式，体会歌曲《花蛤蟆》的丰富表现力，表达对家乡黄河文化的喜爱和赞美。

### 评价任务

（1）能够体会山东民歌的特点。

（2）能够体会方言在歌曲中的作用，感受山东民歌口口相传的特点，用方言生动、形象地完整演唱歌曲《花蛤蟆》。

（3）能为歌曲创编合适的伴奏用自制响板伴奏，说出不同版本《花蛤蟆》特有的表现力，表达对家乡黄河文化的喜爱和赞美。

### 学情分析

《花蛤蟆》是流行于山东菏泽成武地区的一首传统民歌，因歌曲生动、形象，深受孩子们喜爱。

歌曲为六声宫调式，2/4 拍。歌曲的旋律包括前奏在内，多用四、五度的跳动音程，活泼跳跃，欢乐明快。音乐在八度以内，素材精练，主要的两个骨干音多次出现，增加了调式的稳定感。旋律是在"5-$\dot{1}$-5""$\dot{3}$-2-$\dot{1}$"两个主要音调基础上发展变化而成的，节奏鲜明，多为一音一字，词曲结合紧密。

歌曲的歌词简练，形象生动，用模仿、夸张的语言，特别是其中象声词"喂""哇"模仿蛤蟆叫声的衬腔，对动物进行了有声有色的描绘，充满着儿童天真的稚气和童趣。

可围绕课题《花蛤蟆》，选择更多版本的作品，用来拓展欣赏，丰富艺术文化视野，同时弘扬对家乡民族音乐的自信。

## 教学过程

### 1. 聆听歌曲

（1）听老师打快板，用方言读歌词。思考老师说了些什么。

（2）初听歌曲。思考歌曲给你怎样的感受。

（3）复听歌曲。思考歌曲的演唱语言有什么特点？

（4）手打响板，用方言读歌词。跟老师的快板，逐句学习读歌词，感受地方方言的发音特点。

【评价标准】能够体会山东民歌的特点。

### 2. 学唱歌曲

（1）逐句学唱。教师带领学生随伴奏处理歌曲中遇到的难点，注意唱出方言感。

（2）教师用钢琴伴奏，范唱，学生跟唱。

（3）完整演唱。

（4）小组合作，为歌曲编创动作，依次进行展示。

【评价标准】能够感受山东民歌口口相传的特点，能够用方言生动、形象地完整演唱歌曲《花蛤蟆》。

### 3.编创拓展

（1）再听歌曲，说一说歌曲中有什么乐器在伴奏。

教师介绍三弦，学生感受乐器音色。

（2）教师用三弦伴奏，学生手打响板，完整演唱歌曲。

（3）欣赏合唱版本《花蛤蟆》，说一说合唱版本给你带来的感受。

（4）课堂小结：同学们，刚才大家学习的民歌，山东民歌，就属于山东流域所孕育出的黄河文化。同样，他也是我们宝贵的非物质文化遗产。所以，作为黄河的儿女，希望大家要热爱我们的民族文化，坚定文化自信，用音乐讲好属于我们的"黄河故事"。

【评价标准】能为歌曲创编合适的伴奏，说出不同版本《花蛤蟆》的独特表现力，表达对家乡黄河文化的喜爱和赞美。

## 学后反思

（1）《花蛤蟆》是哪个地区的民歌，它的风格是怎样的。

（2）通过学唱歌曲，我知道了山东民歌多数用何种语言演唱。

（3）请搜集更多山东民歌，课后与同学们分享。

## 板书设计

```
┌─────────────────────────────────────────────┐
│                                             │
│              花 蛤 蟆                        │
│   1=B 2/4                      山东民歌        │
│                                             │
│              诙谐、幽默                       │
│              方言演唱                         │
│           表现直接、生活化                     │
│              口口相传                         │
│                                             │
└─────────────────────────────────────────────┘
```

民谣是人类出现最早的文学样式，是文学的鼻祖，是各种诗体的乳娘、母亲。黄河民谣大多采用独特的艺术手法，潜移默化地帮助中小学生掌握丰富的文学表现形式，令其真切感受文学艺术的熏陶。

黄河民谣为人们展现了温馨美好的生活场景，语言表达充满童真童趣，押韵、换韵优美和谐，具备较高的艺术造诣，能够用以培养中小学生初步的艺术情趣和审美素质。另外，民谣还与音乐、绘画、表演等形式相结合，声音、画面、音乐交相融合，相辅相成，能够有效激活学生的情感思维，提升其审美能力，真正让山东黄河民谣时代活化，让黄河民谣得以传承与创新。

## 七、论文成果

### 论山东黄河民谣的教育价值

黄河文化是中华文明的重要组成部分，是中华民族的根和魂。党的十八大以来，以习近平同志为核心的党中央从中华民族和中华文明永续发展的高度，做出黄河流域生态保护和高质量发展的重大战略决策。山东是黄河文化的重要片区，山东黄河民谣是黄河文化的重要分支和载体，经历了漫长而曲折的发展历史，根源深厚，题材广泛，体现了劳动人民的聪明智慧和精神气质，蕴含着丰富的教育内涵，将山东黄河民谣时代活化，并将其融合到中小学语文课程体系中，对培养学生的核心素养，传承黄河文化，增强学生的民族文化认同和家国情怀有着重要的教育价值。

黄河文化是中华文明的重要组成部分，是中华民族的根和魂。中共中央、国务院印发的《黄河流域生态保护和高质量发展规划纲要》指出："深入实施中华文明探源工程，系统研究梳理黄河文化发展脉络，充分彰显黄河文化的多源性多样性。"山东省在黄河文化战略定位、战略布局中占有重要一席。黄河民谣作为黄河地区发源与传唱的重要文学形式，浓缩了世代黄河人的智慧与情感，是黄河文化的重要标识和组成要素。《义务教育课程方案和课程标准》（2022 年版）中指出："要坚持德育为先，聚焦中国学生发展核心素养，培养学生适应未来发展的正确价值观、必备品格和关键能力，引导学生明确人生发展方向，成长为德智体美劳全面发展的社会主义建设者和接班人。"

黄河文化蕴含着丰富的教育内涵。为深入贯彻落实黄河流域生态保护和高质量发展的工作部署，全面落实习近平新时代中国特色社会主义思想，将社会主义先进文化、革命文化、中华优秀传统文化、国家安全、生命安全与健康等重大主题教育有机融入课程，增强课程思想性；进一步培养学生爱党、爱国、爱家乡的情感，以民族文化传承为基础，将山东黄河民谣时代活化，并将其融合到中小学语文课程体系中，对培养学生的核心素养，传承黄河文化，增强学生的民族文化认同有着重要的教育价值。

### （一）山东黄河民谣的表现内容

黄河民谣是劳动人民集体的口头创作，属于民间文学中可以传唱和吟诵的韵文部分，篇幅短小，具有特殊的节奏、音韵、章句、曲调等形式特征和抒情的性质。民谣所涉及的生活面很广，有的是反映幼儿的游戏，有的记录了一些婚庆习俗，有的传递生产生活经验，有的是表现人民的生活现状，有的是对人生行为的规范等。民谣在反映生活的同时更注重寓教于乐，使人们浸蕴在一种朴素的文化氛围中，吸收着文学的素养，熏陶出处世的情怀，惩恶扬善直面现实生活。民谣文句通俗易懂，语言生动质朴，节奏音韵和谐，读来朗朗上口，极易被学生接受。山东黄河民谣内容丰富多彩，其主要表现内容有：

#### 1.表现生产劳动

黄河三角洲干旱少雨，所依黄河又是季节河，人们在长期的生产劳动和生活实践中战天斗地，洞察实事，黄河号子，既产生于劳动又服务于劳动，既是劳动的工具又是劳动的颂歌，其文化内涵和社会功能明显，无须锣鼓伴奏同样能产生强大的气势和感染力。如黄河硪号是黄河号子的一种，山东利津县的黄河硪号多在修建黄河堤坝或是修房盖屋时传唱，并列入国家级非物质文化遗产名录加以保护和传承。

# 打硪号

1=F 2/4
中速

黄河硪号
山东利津县

（领）　　　　　　　　　　　　　　　　　　　（合）

‖: 7 67 | 5 67 | 6· 76 | 656 | 6· 5 | 6 6 | 6755 | 6 0 |

1. 一　根哪　木　椿　咳　哟嚎　咳哟咳咳　咳　咳　咳　咳　咳咳咳咳　咳
2. 干　根哪　万　根　咳　哟嚎　咳哟咳咳　咳　咳　咳　咳　咳咳咳咳　咳

（领）　　　　　　　　　　　　　　　　　　　（合）

7 67 | 5 67 | 3343 2 | 36 1 | 1· 6 | 1 1 | 1610 | 1 0 :‖

力　号那　单　哟嚎　咳哟咳咳哟　咳哟咳　咳　咳　咳　咳　咳咳咳　咳
锤　石那　个　哟嚎　咳哟咳咳哟　咳哟咳　咳　咳　咳　咳　咳咳咳　咳

### 2. 表达生活常识

黄河民谣是来自劳动的民谣，也是来自生活的民谣。它们都是以古朴真挚的语言讲述了人民群众对日常生活、四季变换等的认知，具有浓郁的地方特色。如流行于山东德州一带的《大实话》："春季里刮春风，黑了天点上了灯，生来的老鼠会打洞。夏季里天气长，人怕痨病地怕荒，秋后的兔子怕猎枪。秋季里开菊花，进了门来到家，老鼠见猫心害怕。冬季里下大雪，一个人穿着两只靴，一十五天半个月。麦子能推面，芝麻能磨油，脖子上边长了个头，砂锅子打了一定漏，哎咳哎咳哎咳呦。"

山东黄河民谣《十二个月》："正月立春寒未消，二月风摆路两条，三月燕雀池塘柳，四月樱桃挂满梢，五月石榴红似火，六月茶花水上漂，七月寒虫报秋至，八月燕子回南巢，九月菊花重阳开，十月寒往外捎，十一月大雪拦管道，十二月行人过冰桥。"

### 3. 表现理想愿景

向往美好生活，追求生活富足，祈愿风调雨顺、国泰家和，丰衣足食、太平安康，是劳动人民的普遍愿望和朴素追求。山东黄河民谣中有许多反映劳动人民理想愿景的民谣。如民谣《小金姐》："小金姐，骑金马，金马不走金鞭打。走金路，到娘家，娘家不是懒人家。刷金锅，泡金茶，梧桐树上金老鸹。金庙门，金菩萨，水井里蹦出个金蛤蟆。到家一看金蛤蟆，变成一个金娃娃。"

### 4. 表现抗战奋争

对于世间以强凌弱的现象，黄河民众世代都是路遇不平，拔刀相助；对于祸国殃民的外贼内奸，民众总是挺身而出，奋勇抗击。

抗日战争时期，山东黄河两岸的人民创作了许多慷慨激昂的民谣，极大鼓舞了人民的士气，表现了中华民族历经挫折而不倒的民族风骨，民谣最多，如《打鬼子》等，就是号召民众参军抗战的一首民谣，再如《永远跟着共产党》："八路军，共产党，救国救民打东洋。组织咱们老百姓，起来保家乡。要想得解放，就得拿起枪。拥护八路军，永远跟着共产党。"

### （二）山东黄河民谣的表现形式

#### 1. 说唱形式

无论天上飞的，还是地上跑的各种生灵，在民谣中如同在儿童的眼中一样，都是同样可亲可爱的伙伴。这种十分贴合儿童的心态的童谣，儿童十分乐意跟唱。譬如《小老鼠》这首童谣，是在幼儿刚学说话之后，老奶奶最先教他们学的一首："小老鼠，上灯台，偷油吃，下不来，让老奶奶抱下来。"

旧时的黄河三角洲，乡民用的都是豆油、棉籽油的粗瓷灯，有一个高高的灯台，夜深人静时，小老鼠经常爬到灯台上偷油吃，童谣《小老鼠》顺口，简短，是生活的真实写照。

#### 2. 歌唱形式

一方水土养一方人。《花蛤蟆》是一首山东黄河流域菏泽地区的童谣，唱出了农村儿童在认识蛤蟆的过程中的好奇、新异、喜悦的心理活动，歌中用了模仿、描绘与夸张的手法，旋律生动活泼。形象地表现了蛤蟆的蹦跳，模仿蛤蟆的叫声，鲜明地把山东人地方语言特色表现了出来。采用了民间口语里常出现的比喻，简洁又容易理解。充满了浓郁的地方特色，充分展示出民谣的特色，又显得诙谐活泼。

# 花 蛤蟆

1 = C 2/4　　　　　　　　　　　　　　　　山东民谣

欢快 活泼地

( X　0 | 5 i 5 0 | 5 i 5 | 5 i 5 i | 5 i 5 0 ) |

5 i 5 0 | 5 i 5 0 | i i i 7 i | i 2 5 0 |
绿 蛤 蟆，　　花 蛤 蟆，　满坑的蛤蟆蹦跳，

‖: i 0 5 | 2 0 5 0 :‖ i 5 6 i | 3 6 5 |
喂 哇，喂 哇，　伸着个腿 大 粗 腰，

i 5 6 i | 3 6 5 | 3· 2 3 2 | i 5 6 5 |
瞪 着 个眼 赛灯泡，喂哇，喂哇 真 会 叫，

‖: i 0 i 0 | 5 0 5 0 :‖ 2 0 | 3· 2 i | i 5 6 5 |
喂 喂 哇 哇，咦!　猛 一 蹦 腰把 高，

3· 2 i 0 | i 5 6 5 | 2 - | 3· 2 i 2 | i 0 |
嘴 一 张 像水 瓢 咦，　蹦着还会 叫，

i 0 5 0 | 2 0 5 0 | i 0 i 0 | 5 0 5 0 | 0 5 ‖
喂 哇，喂 哇，喂 喂，哇 哇，　哇!

### 3. 游戏形式

最简短的游戏民谣有《天上有啥》《猜谜谣》等。如《天上有啥》，奶奶与孙子拍着手儿，一问一答地边教边唱："天上有啥？天上有星。地上有啥？地上有坑。坑里有啥？坑里有水。水里有啥？水里有蛤蟆。蛤蟆咋叫？呱儿——呱。小小娃儿能学蛤蟆叫，是件了不起的能耐。如果再教会娃儿学鸡鸣狗咬，娃儿就可以自逗自乐了。"

# 猜 谜 谣

1 = C 2/4　　　　　　　　　　　　　　　　山东民谣

中速稍快

5 3 5 | 5 3 5 | 5 5 2 5 | 5 6 5 |
问:1. 两 个 角，抱 着 头？答:不 是 山羊 是 老 牛;
问:2. 扁 扁 嘴，细 长的 脖？答:不 是 鸭子 是 白 鹅;

```
 5      5      6   |  5  5  3  5  |  6  6  6  6  |  3  5  6   5 |
问：上   树    顶，    爬  树    头？   答：不 是  狸  猫    是   小   猴。
问：坐   着    高，    站  着    低？   答：不 是  小  猪    是   巴   狗。

 i      5      3      5    |  i  i  i  i  |  3  6   5 |
齐：哟   —      哟      二      也  是  山  羊    也  是   牛
齐：哟   —      哟      二      也  是  鸭  子    也  是   鹅

 i      5   |  i      5    |  6  6  6  6  |  2  3   1 ‖
哟      三      哟      四      也  是  狸  猫    也  是   猴。
哟      三      哟      四      也  是  小  猪    和  巴   狗。
```

从古至今，山东黄河民谣广泛流传，数量大，品种多，内容形式多样，有着独特的地方特点和色彩。在艰难的生活中，这些生动通俗的民谣不仅有娱情作用，而且对人精神气质的形成有很大影响。

### （三）山东黄河民谣的教育价值

#### 1.提高学生的音乐素养，培养表达能力

山东黄河民谣是极好的中小学音乐教材，其语言口语化、日常化、源于日常生活，反映现实，朴实亲切，具有极强的生活气息；其表现手法灵活多样，丰富多彩。多用比喻、拟人、夸张、排比、反复等表现形式，形象生动、风趣幽默；其音韵自由灵活，押韵、换韵优美和谐，多与音乐、舞蹈、表演等形式相结合，通俗欢畅，灵活生动，想象奇特，感染力极强。能够很好地培养学生的想象能力、思维能力、感受能力、表现能力和语言表达能力，激发学生的音乐学习兴趣，帮助学生掌握丰富多样的文学表现形式，提高学生的核心素养。

#### 2.加深学生对齐鲁文化的认识与认同

通过了解和学习山东黄河民谣，学生可以获取民俗知识，为以后参与民俗活动，强化民俗传统记忆，自觉遵守民俗规范，保存和保护好民俗传统打下基础。教师也在教育、传承和传播齐鲁文化传统的教程中，进行项目化学习研究，实现了独特的教育价值。

#### 3.陶冶学生的性情，体验跨学科融合

山东黄河民谣集自娱性和表演性为一体，具有极为率真的情感表达方式，它表达的是人之常情，也不受模式化、凝固化的局限和束缚，因

此山东黄河民谣更能拨动学生的心弦，陶冶学生性情，提高学生的审美能力和跨学科学习的能力。

**4. 增强学生体质，锻炼身体协调性**

在学习山东黄河民谣的过程中，可以配合各种律动动作，与民谣相扣相连，只有每一个动作做到位，才能完整地表现出民谣的整体效果。因此对民谣的学习能增强学生身体的均衡感，锻炼学生的协调能力，培养学生的表现个性，进而提升学生的综合实践能力。

**5. 德育浸润，有利于学生的人格培养**

山东黄河民谣蕴含着丰厚的传统文化和民族精神，朴实爽朗启智增慧，体现了齐鲁人民重德、务实、自强、宽容的传统文化和民族精神。学习黄河民谣，有助于学生养成共同参与的群体意识和相互尊重的合作精神，锻炼和发展了学生的实践能力。

**（四）阶段成果的影响**

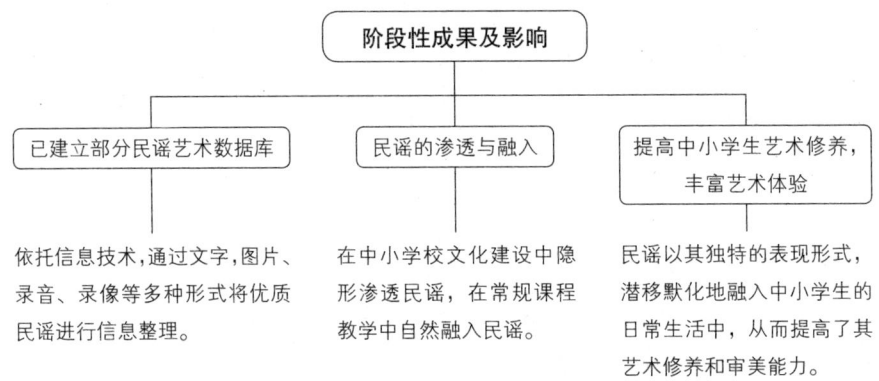

第一，课题立足学校实际，建成独具特色的环境文化——长廊文化，场馆式文化有助于提升学校的传统文化氛围，学生潜移默化地受到山东黄河文化的熏陶，感受山东黄河民谣文化的魅力。

第二，课题依据研究目标，明确将山东黄河民谣与学校特色建设相结合，建成独具特色的校园文化，用山东黄河文化打造文明和谐校园，对学校的长期发展具有深远影响，对学生人格塑造起到了很大作用。

第三，课题研究计划全面，课题组成员结构合理，研究任务分工合理。在研究过程中按照计划，有序推进各项工作。完成了课题组计划项目，根据时间节点完成了学校各长廊及场馆黄河文化的建设，各项山东黄河民谣教学和社团活动有序开展。

第四，课题研究成果多样化。课题组成员撰写了各具特色的山东黄河民谣学历案，开展了黄河民谣优质课教研、传唱家乡的歌等一系列传承黄河民谣的活动。

**（五）持续推进研究工作设想**

第一，开展山东黄河民谣特色教育活动，将传统文化渗透于各种教育活动中，发挥活动的潜移默化之功效，在活动中陶冶学生的情操。

第二，开发"山东黄河民谣校本课程"，满足各层次学生学习、个性发展的需要，对已开发的课程进行筛选，保留角度新、内容实、深受学生喜爱的课程，鼓励教师不断开发山东黄河民谣课题。

第三，开展"山东黄河民谣第二课堂"，组建特色黄河民谣社团。

第四，积极开展社会实践活动，开拓山东黄河民谣社会实践基地，开发本地历史文化资源，进一步用中华传统文化元素丰富校园静态环境。

## 八、结束语

山东黄河民谣属于本土音乐文化的范畴之一，在时代不断发展的背景之下，越来越多的人喜欢听中国和国外的流行歌曲，而忽略民俗文化的重要性。黄河民谣作为一种山东民谣文化，它所表现出的是山东艺术和山东文化的独特的艺术魅力，作为一名合格的教师，必须重视黄河民谣和本土化音乐的重要性，促进黄河民谣的时代活化，并通过多种多样的方式，将其高效率地融入音乐课堂之中，使学生既了解黄河民谣基础知识，又对学习黄河民谣饱含积极性，从而进一步达到音乐传承的目的，促进学生的全面发展。

# 参考文献

[1]曹理等.音乐学科教育学[M].北京：首都师范大学出版社，2000.

[2]崔学荣等.音乐微格教学[M].北京：高等教育出版社，2020.

[3]崔允漷，周文胜，周文叶.基于标准的课程纲要和教案[M].上海：华东师范大学出版社，2014.

[4]杜宏斌.新版课程标准解析与教学指导·音乐[M].北京：北京师范大学出版社，2022.

[5]段剑秋，张献青.黄河三角洲民间文学研究[M].济南：齐鲁书社，2003.

[6]江明惇.中国民族音乐[M].北京：高等教育出版社，2007.

[7]李虻.音乐教师实用手册[M].上海：上海音乐出版社，2011.

[8]刘均义，邰方.小学音乐教学方法与策略[M].上海：华东师范大学出版社，2011.

[9]卢明.教案的革命2.0普通高中大单元学历案设计[M].上海：华东师范大学出版社，2021.

[10]门玉彪，史庆，李玉华等.黄河三角洲音乐文学研究[M].济南：齐鲁书社，2003.

[11]缪裴言，崔薇.中小学器乐教学合奏曲选[M].北京：人民音乐出版社，2013.

[12]任姗，冯巍巍.音乐课堂教学新探[M].济南：山东文艺出版社，2023.

[13]王安国.普通高中音乐课程标准（2017版）解读[M].北京：高等教育出版社，2020.

[14]吴刚平，安桂清，周文叶.新方案新课标新征程[M].上海：华东师范大学出版社，2022.

[15]席恒.核心素养导向的音乐教学实践探究[M].上海：上海音乐出版社，2020.

[16]郁文武，谢嘉幸.音乐教育与教学法[M].北京：高等教育出版社，1991.

[17]袁静芳.中国传统音乐概论[M].上海：上海音乐出版社，2013.

[18]张华.让学生创造着长大：2022版义务教育课程方案和课程标准核心理念解析[M].北京：教育科学出版社，2022.

[19]中华人民共和国教育部.普通高中音乐课程标准（实验）[M].北京：人民教育出版社，2020.

[20]中华人民共和国教育部.义务教育课程方案（2022年版）[M].北京：北京师范大学出版社，2022.

[21]中华人民共和国教育部.义务教育艺术课程标准（2022年版）[M].北京：北京师范大学出版社，2022.

[22]中华人民共和国教育部.义务教育音乐课程标准（2011年版）[M].北京：北京师范大学出版社，2012.